Monika Mayer

ABC der Heilerde

Heilanwendungen

Verlag Peter Erd München

Die in diesem Buch aufgeführten Ratschläge wurden von Autor und Verlag sorgfältig geprüft. Eine Garantie bzw. Haftung kann jedoch nicht übernommen werden.

1. Auflage 1998
Umschlaggestaltung: Ulrich Ehrlenspiel
Umschlagfotos: Cyrano Botzenhart
Illustrationen: Franziska Pucher

ISBN 3-8138-0468-2

Inhaltsverzeichnis

Einführung

Das Wissen um »heilende Erden« ist schon sehr alt. Es wurde in der Antike sehr geschätzt und von Heilkundigen wie Sebastian Kneipp, Dr. Julius Stumpf, Pastor E. Felke, Adolf Just u. a. wiederentdeckt. Durch ihre Heilerfolge ist die Heilerde nie ganz in Vergessenheit geraten. Der Beweis der Wirksamkeit wurde in neuester Zeit auch wissenschaftlich untermauert, und man muß sich nicht mehr nur auf die Aussage »Wer heilt, hat recht» stützen. Unschädliche natürliche Mittel sollten als erstes eingesetzt werden, denn nur so kann der Körper die Krankheit wirklich überwinden. Heilerde unterstützt körpereigene Heilungsprozesse. Durch die natürliche Ausheilung lernt der Körper, wird stark und ist für eine neue Herausforderung bereit.

Heilende Erden in der Vergangenheit

Heilerde liefert die Natur nahezu in gebrauchsfertigem Zustand. Vielleicht gehört sie deshalb zu den ältesten Naturheilmitteln überhaupt. Schon der Urmensch konnte beobachten, wie kranke Tiere Erde aßen und sich bei juckender Haut, Ungezieferbefall und Entzündungen im Schlamm wälzten. Das erste schriftlich festgehaltene Zeugnis von Heilerde-Anwendungen fand man auf Papyrus und Tontafeln in Ägypten. Sie stammen aus dem Jahr 3000 v. Chr. Ägyptische Heilpriester nutzten die schon damals bekannte antiseptische Wirkung zur Mumifizierung der Toten.

Im antiken Griechenland war vor allem die sagenumwobene Erde der Insel Lemnos, Terra Lemnia, ein begehrtes Heilmittel bei Knochenbrüchen, Vergiftungen und sogar bei Pest.

Die schwarze Erde der Insel Samos wurde Frauen nach der Geburt als Reinigungsmittel mit Wasser zum Trinken gegeben. Hippokrates (460 - ca. 377 v. Chr.) setzte verschiedene Erden (Eretria, Lamia, Kimolos) in seinem komplex aufgebauten Heilungsplan zusammen mit Kräutern und Diät ein. Er war der erste, der das noch heute bei einigen Naturvölkern gebräuchliche »Erdessen» schriftlich festhielt.

Das Qualitätssiegel

Die Nachfrage nach den heilkräftigen Erden war immer größer als das Angebot. Das machte sie teuer, und Fälschungen kamen in den Handel. Um Herkunft und Reinheit zu garantieren, begann man die zu Tabletten, Pastillen, Kugeln und Täfelchen verarbeitete Erde mit einem Siegel und Bildern zu versehen. So wurde der Name »Siegelerde«, Terra sigillata, geboren.

Die unterschiedliche Wirkungsweise der damals bekannten Heilerden erfaßte der römische Gelehrte Plinius (23-79 n. Chr.) in seinem Werk »Historia Naturalis«.

Claudius Galenus (129-201 n. Chr.) der Leibarzt des römischen Kaisers Marc Aurel, vervollständigte die damals bekannten Schriften mit seinen eigenen Versuchen. Er verwendete bevorzugt Armenische Erde und war begeistert von ihrer hervorragenden Wirkung bei Pest, tiefsitzenden Geschwüren und Tuberkulose.

Aber auch vorbeugend zur Regulierung aller Körperfunktionen und zur Pflege von Haut und Haar wurde Heilerde damals eingesetzt.

Die Verbreitung durch die Alchimisten

Im Mittelalter sorgten die Alchimisten für eine weite Verbreitung der Erden. Heilerde war auch in Deutschland bekannt für ihre hervorragende Wirksamkeit bei vielen Erkrankungen, vor allem bei Pest. Sie wurde bei Pestepidemien mit Wein oder Essig vermischt und innerlich verabreicht. Die Beschaffung ausländischer Siegelerden wurde aber durch das Vordringen der Türken fast unmöglich, so daß man im eigenen Land nach dem dringend benötigten Heilmittel für die um

ca. 1600 wütende Pest suchte. Die Schlesische Erde aus Striegau, Terra Sigillata Strigoviensis, erwarb sich besonders hierfür einen guten Ruf. Aus dieser Erde wurden auch Gefäße hergestellt, denen man eine besondere Wirkung nachsagte. Wasser, das in diesen Krügen aufbewahrt worden war, wurde als Heilmittel gegen Bisse giftiger Tiere verwendet.
Aber auch die Erden der neuen Lagerstätten in Hessen, Böhmen, Sachsen, Polen und Ungarn waren begehrt. Trotz der Heilungserfolge gerieten »Heilende Erden« teilweise in ein schlechtes Licht. Um ihre Wirkung noch eindrucksvoller erscheinen zu lassen, wurden Heilerde-Anwendungen häufig mit magischen Ritualen und Zaubersprüchen umwoben und als Allheilmittel gepriesen.
Pfarrer Sebastian Kneipp (1821-1897) schreibt in seinem »Codizill«: »Ich fand, daß manche Körperschäden und viele Uebel durch kein anderes Mittel so schnell und mit solcher Leichtigkeit geheilt werden können als gerade mit Lehm« sowie »Der Lehm ist ein ausgezeichnetes Heilmittel. Lehm zieht aus den kranken Stellen alle feuchten, flüssigen Stoffe aus.«

Heilerde wird zum festen Bestandteil der Naturheilkunde

Ihm folgte Adolf Just (1859-1936), ein Buchhändler, der nach einem zwölfjährigen Nervenleiden an den Rand der Verzweiflung gebracht wurde. Er fand allein durch die verschiedenen Anwendungen der Naturheilmethode und eine viermonatige Kneippkur mit vegetarischer Lebensweise Linderung und schließlich durchschlagenden Heilerfolg. Um möglichst viele Menschen mit seiner naturgemäßen Lebensweise, mit Licht, Luft, Wasser, vegetarischer Kost und später Lehm bekannt zu machen, gründete er am 1. April 1896 eine Naturheilanstalt in Eckertal im Harz. Er nannte sie »Jungborn – Luftkurort, Lehranstalt für naturgemäße Heil- und Lebensweise«, mit 250 Patienten täglich, die damals größte weltweit. Für Just stellte die »Erdkraft« das wichtigste Heilmittel der Natur dar. Er verwendete

sie zunächst nur äußerlich bei Wunden, Geschwüren, Entzündungen, Geschwülsten, Vergiftungen, Verbrennungen und Hautleiden.
1898 besuchte der Pastor Emanuel Felke (1856-1926) Adolf Just. Auch er war medizinischer Laie, heilte mit natürlichen Mitteln und war bekannt für seine Gabe, Krankheiten aus dem Auge zu diagnostizieren. Von der Idee Justs begeistert, eröffnete er in Repelen (Niederrhein) eine Naturheilanstalt, den »Felke-Jungborn«. Das Lehmbad, als wichtigster Bestandteil der Felke-Kur, wird auch heute noch zur Aktivierung des Stoffwechsels in verschiedenen Kurhäusern durchgeführt.
Einige Jahre später zog Adolf Just nach Blankenburg. Dort beschäftigte er sich mit Bolus alba (Kaolin), unter anderem zur Behandlung von Durchfällen, Ruhr und Cholera. Da Weißer Ton zur Verklumpung im Darm neigt, suchte er ein Lößvorkommen, das diese Eigenschaft bei der Einnahme nicht hat. In Derenburg, nahe seines Wohnortes wurde er fündig. Just entwickelte eine thermisch-mechanische Aufbereitung und gründete im Jahre 1918 die Heilerde-Gesellschaft Luvos Just. Sie vertreibt auch heute noch die in verschiedenen Feinheitsgraden erhältliche »Heilerde« im In- und Ausland.

So wirkt die Heilerde

Erde ist Urenergie. Erde versorgt Menschen, Tiere und Pflanzen mit Mineralstoffen und Spurenelementen. Die Zusammensetzung der Heilerde ist vom Fundort abhängig und unterliegt natürlichen Schwankungen. Dieses Wissen nutzte man schon in den Anfängen der Therapie mit Erde.

Die Mineralien und Spurenelemente der Heilerde

☆ Heilerde enthält außer Jod alle lebenswichtigen Mineralstoffe in ihrer natürlichen Zusammensetzung. Erst durch die Verdauung im Magen werden sie für den Körper verwertbar. Da die Mineralien unterschiedlich fest in der Heilerde gebunden sind, werden bestimmte Elemente stärker herausgelöst, wie z. B. 59 % des Kalziums, aber nur 0,05 % des Aluminiums.

☆ Jede Heilerde ist ein Mineraliengemenge. Je nach Feinheit der Verteilung ist deshalb die Farbe verschieden. Durch das Eisenhydroxid z. B. erhalten die verschiedenen Erden ihre rote, braune oder gelber Farbe. Fast alle Mineralien liegen in Silikatform vor. Kieselsäure ist der Hauptbestandteil.

☆ Heilerde ist nicht mit Schadstoffen belastet.

☆ Heilerde ist nicht radioaktiv, da keine instabilen Isotope nachweisbar sind (siehe Strontium).

Heilerde enthält Aluminium, Bor, Chrom, Eisen, Fluor, Kalium, Kalzium, Kobalt, Kupfer, Lithium, Magnesium, Mangan, Molybdän, Natrium, Nickel, Phosphor, Schwefel, Selen, Silicium, Strontium, Titan, Vanadium und Zink.

Heilerde harmonisiert

Schon immer nutzten die Menschen die Wirkung der Heilerde für die verschiedensten Erkrankungen, die vordergründig in keinem Zusammenhang stehen, wie z. B. Sodbrennen und Rheuma. Dies führte dazu, daß Heilerde als Allheilmittel gepriesen wurde und an Glaubwürdigkeit verlor. Erst wissenschaftliche Untersuchungen machten es möglich, die Wirkungsweise der Heilerde zu verstehen. Zwei Hauptwirkungen der Heilerde sind:

☆ Die **Adsorption** = Anlagerung von festen flüssigen und gasförmigen Stoffen an die Oberfläche.

☆ Die **Absorption** = Aufsaugen von festen, flüssigen und gasförmigen Stoffen in das Tonteilchen.

Da sich diese Vorgänge häufig überlagern, spricht man allgemein von Sorption. Messungen mit dem Geigerzähler haben außerdem gezeigt, daß Heilerde in der Lage ist, einen großen Teil von Umweltstrahlen zu absorbieren.

Um die Wirkung der Heilerde voll auszuschöpfen, wird sie fein vermahlen. Dadurch entsteht eine größere Oberfläche der einzelnen Erdteilchen, wodurch das Sorptionsvermögen auf das 10-20fache gesteigert werden kann. Das heißt, je feiner die Heilerde, desto intensiver die Wirkung.

Heilerde bindet krankheitserregende Mikroorganismen

Französische Wissenschaftler haben das hohe Bindungsvermögen des Lehmpulvers durch einen Versuch nachgewiesen: Wasser, das mit pathogenen Keimen (Bakterien, Hefe- und Schimmelpilze) versetzt wurde, gab man eine bestimmte Menge Lehmpulver bei. Das Gemisch wurde verrührt, und nachdem sich die Erde gesetzt hatte, wurde das Wasser erneut geprüft. Es erwies sich als keimfrei, und die pathogenen Erreger befanden sich sorbiert im Lehm. Das Ergebnis: Krank-

heitserregende Mikroorganismen werden zu 54 % bis 99,99 % (Ausnahme Vibrio cholerae) an die Heilerde angelagert. Durch dieses Ergebnis wird sichtbar, wie groß der Nutzen für die innere und äußere Anwendung sein kann.
Heilende Erden sind ein dynamisches System. Sie nehmen schädigende Stoffe auf und geben Energie und Mineralien ab. Außerdem dienen sie als Katalysatoren, wodurch zu träge ablaufende Stoffwechselvorgänge angeregt, aber nicht verändert werden.

Heilerde bindet überschüssige Säuren und Basen

Bei der Einnahme von Heilerde kommt es im Magen zu einem Ausgleich des Säure- und Basen-Verhältnisses. Heilerde hat die Fähigkeit, überschüssige Säuren und Basen zu binden, wodurch die physiologischen Verhältnisse wieder hergestellt werden. Die Magenschleimhaut wird so vor aggressiven Substanzen geschützt. Sodbrennen, Magenschleimhautentzündung, Magendruck, Völlegefühl und ein Reizmagen sind dadurch gut regulier- und heilbar. Die in der Heilerde enthaltenen Mineralien und Spurenelemente werden im Magen durch die Magensäure aufgeschlossen und dem Körper verfügbar gemacht. Ein Mangel an Mineralien und Spurenelementen wird ausgeglichen, überschüssige ausgeschieden.
Auch die »Entsäuerung« des Organismus wird durch die indirekte Beeinflussung über den pH-Wert des Blutes geregelt. Gerade bei chronischen Erkrankungen ist dies von großer Bedeutung, denn Schlacken aus dem Gewebe können so gelöst und ausgeschieden werden.
Eine erhöhte Menge an Gallensäure im Dickdarm verursacht Durchfall. Auch die Magenschleimhaut kann durch einen Rückfluß von Gallensäure so geschädigt werden, daß das Entstehen einer Gastritis und eines Magengeschwürs begünstigt wird. Heilerde bindet überschüssige Gallensäure und entlastet den Gallensäurestoffwechsel. Untersuchungen zeigten sogar eine stärkere Bindungsfähigkeit der

Heilerde für Gallensäure als gallensäurebindende chemische Antacida.

Heilerde hilft bei Problemen mit Cholesterin

Falsche Ernährung oder eine Störung des Leberstoffwechsels führen häufig zu erhöhten Cholesterinwerten. Heilerde sorgt für eine »Entfettung«. Sie bindet Öle, Fette und Fettsäuren im Dünndarm. Erhöhte Blutfettwerte können deshalb durch Heilerde günstig beeinflußt werden. Bei fettarmer Ernährung sollte Heilerde nicht zusammen mit dem Essen eingenommen werden. Ein Mangel an fettlöslichen Vitaminen, wie z. B. Vitamin E, würde damit begünstigt.

Der Darm – das zentrale Organ

In der chinesischen Medizin ist die funktionelle Wechselbeziehung des Darmtraktes mit anderen Organsystemen schon lange bekannt. Auch Hippokrates erkannte, daß »alles Übel im Darm wohnt«. Heute wissen wir, daß der Darm mit einer inneren Oberfläche von ca. 300 qm das größte Organ des menschlichen Körpers darstellt und weit mehr als die Verdauungsfunktion zu erfüllen hat.

Die verschiedensten Lebensbelastungen (Streß, Leistungsdruck, Ängste etc.), falsche Ernährung, Medikamente und die chemische Belastung unserer Lebensgrundlagen (Luft, Wasser, Nahrung) führen, wenn mehrere Faktoren zusammentreffen, früher oder später zu einem biologischen Ungleichgewicht (Dysbiose) und einer Fehlbesiedelung (Dysbakterie) der Darmbakterien. Auch ein Pilzwachstum wird begünstigt. Pilze besiedeln und schädigen die Darmschleimhaut. Der Nahrungsbrei kann nicht mehr richtig verdaut werden, und der Körper erhält zu wenig Nährstoffe. Durch ihren eigenen Stoffwechsel und eine mögliche Ausbreitung im ganzen Körper schädigen Pilze alle Organe. Durch die Dysbakterie kommt es zu immunologischen Reaktionen und der Bildung von toxischen Substanzen wie Ammoniak, Skatol, Indol, Phenol, Kadaverin, Fuselalkoholen und Gärungsgasen. Diese giftigen Stoffe (Nervengifte) und zum Teil auch krebserregenden Substanzen belasten und schädigen den Stoffwechsel, das Immunsystem und alle Organe, insbesondere die Leber. Solange der Körper diese Selbstvergiftung kompensieren kann, kommt es vorerst nur zu Blähungen, Darmkrämpfen, Durchfällen und Verstopfung, Müdigkeit, Konzentrationsstörungen, einem Anstieg von Harnsäure und Cholesterin oder erhöhten Leberwerten. Werden diese Symptome über Jahre nicht beachtet, entstehen Zivilisationskrankheiten wie Rheuma, Allergien, Darmentzündungen, Krebs, Migräne usw.

Heilerde bindet Gifte im Darm

Durch die Einnahme von Heilerde werden krankheitsauslösende Stoffe (auch aus der Nahrung), Mikroorganismen, Stoffwechselgifte und giftige Darmgase aufgenommen und gebunden. Diese neutralisierten Stoffe können dann problemlos vom Körper ausgeschieden werden. Organische Substanzen, Nährwerte wie Vitamine, Mineralien, Spurenelemente und Aminosäuren bleiben dem Körper erhalten, weshalb man von einer selektiven Adsorptionsfähigkeit der Heilerde spricht. Das ganze Verdauungssystem wird durch diese tiefgreifende Wirkung gereinigt und der Organismus entgiftet. Heilerde wirkt regenerierend und ordnend auf gestörte Funktionen. Die feinen Erdpartikel sorgen für eine milde Darmmassage und Ballaststoff, wodurch der Darm angeregt, aber nicht gereizt wird. Es kommt zu einer Regulierung des Stuhlgangs. Da das Immunsystem zu 80 % im Lymphgewebe des Darms (Dünndarm – Peyersche Plaques und Blinddarm) sitzt, wird auch dieses positiv beeinflußt. Die Immunabwehr wird stabilisiert, was nicht nur für Allergiker von Bedeutung ist. Jede Erkrankung ist somit durch eine Darmreinigung mit Heilerde positiv zu beeinflussen.

Die Haut – das Multifunktionsorgan

Die Aufgaben der Haut:

☆ Sie ist das größte Sinnesorgan (Druck, Berührung, Schmerz, Erschütterung, Tast-, Kälte- und Wärmeempfindung)
☆ Regulation des Wärmehaushaltes
☆ Schutz und Abwehr vor schädigenden Einflüssen
☆ Ausscheidung von schädlichen Stoffwechselabbauprodukten
☆ Aufnahmefunktion
☆ Speicherung von Fett, Blut, Wasser, Vitaminen und Mineralien.

Durch Hauterkrankungen zeigt uns der Körper, daß das innere Gleichgewicht aus den Fugen geraten ist und über das Ventil der Entzündung toxische Stoffwechselprodukte abbauen möchte. Eine Therapie chronischer Hauterkrankungen muß aus diesem Grunde immer von innen und außen erfolgen. Mit Heilerde ist dies möglich.

Heilerde ist ideal bei Hauterkrankungen

Bei der äußeren Anwendung der Heilerde trocknet der Heilerde von innen nach außen ab. Dabei entsteht eine Saugwirkung, die entzündungsbegleitende Krankheitskeime, Giftstoffe, Stoffwechselprodukte und Wundsekrete (Eiter) ansaugt und bindet. Durch die Verdunstungskälte werden Blutgefäße verengt und Schmerzen gelindert. Die darauffolgende Phase sorgt durch die Erweiterung der Gefäße für eine vermehrte Durchblutung von Haut und Gewebe. Dies führt zu einem vorübergehenden Wärmegefühl. Das Gewebe wird vermehrt mit Sauerstoff und Nährstoffen versorgt und der Stoffwechsel angeregt. Die Hautverletzung trocknet und schwillt ab. Kleinste Mineralteilchen sorgen für eine Anregung der Blutgerinnung und des Wundverschlusses. Dadurch kommt es zu einer schnellen, narbenlosen Heilung.
Als Gesichtsmaske bei unreiner Haut, nimmt sie Fett, Talg und in den

Poren befindliche Stoffe auf. Entzündungen können deshalb sehr schnell abklingen. Der Säure- und Elektrolytmantel der Haut wird durch die in der Heilerde enthaltenen Mineralien erneuert (Transmineralisation). Heilerde kann bei jeder Verletzung oder Erkrankung der Haut angewendet werden.

Innere Organe von außen heilen

Aber auch Funktionsstörungen innerer Organe lassen sich über die Reflexzonen (Dermatome) der Haut mit Heilerde beeinflussen (siehe Wickelanwendungen). Sir Henry Head (1861-1940), ein Londoner Neurologe beobachtete, daß sich bei Erkrankungen innerer Organe häufig bestimmte Haut- und Unterhautgewebe veränderten. In dem betreffenden Areal fand er viele überempfindliche und schmerzhafte Stellen. Er schloß daraus eine Verbindung über Nervenleitbahnen vom Organ über das Rückenmark zur entsprechenden Hautstelle. Ein Organ über die Haut zu therapieren, klingt jetzt schon nicht mehr so abwegig.

Heilerde kann bei chronischen Erkrankungen warm und bei akuten kalt angewendet werden. Durch warme Heilerdeumschläge kommt es zur Durchblutungssteigerung, Anregung des Stoffwechsels, Schmerzlinderung und Entspannung der Muskulatur. Kälte dämpft anfangs den Stoffwechsel, da die Gefäße zusammengezogen werden, härtet ab und lindert ebenso Schmerzen.

So wenden Sie Heilerde an

Um das Hantieren mit Heilerde so einfach wie möglich zu gestalten, sollte man sich die benötigten Dinge vorbereiten, so daß man alles gleich griffbereit zur Hand hat. Schon nach wenigen Anwendungen wird alles ganz selbstverständlich: »Übung macht den Meister!«

Das Handwerkszeug

☆ **Schalen**

Am besten aus Porzellan, Steingut, Plexiglas oder Holz. Amerikanische Wissenschaftler stellten in mehreren Studien fest, daß Holz hygienischer als Kunststoff ist. Entgegen früherer Meinung können sich auf Plastik Bakterien festsetzen und sogar vermehren. Holz dagegen enthält antibakterielle Wirkstoffe, und Krankheitserreger können sich darauf nicht halten.

☆ **Pinsel**

Auch ein Kuchenpinsel ist geeignet! Für großflächige Behandlungen einen entsprechenden Pinsel aus dem Malergeschäft besorgen.

☆ **Plastiklöffel und -spatel** zum Dosieren und Umrühren.

☆ **Baumwolltücher und Socken**

Am besten große Taschentücher, Geschirrtücher oder Windeln und Moltontücher. Sie sind saugfähig, atmungsaktiv und können ausgekocht werden.

☆ **Handtücher und Wolldecke**

Zum Unterlegen und Einwickeln der behandelten Körperpartien.

☆ Zwei alte, kurzärmelige **T-Shirts** oder **Hemden** für das »Lehmhemd«.

☆ **Massagehandschuh** und **Waschlappen**

Direkt auf die Gesichtshaut aufgebrachte Erde läßt sich am besten mit einem Waschlappen entfernen. Für den Körper verwendet man einen

Massagehandschuh. So wird die Durchblutung gefördert, und abgestorbene Hautschuppen werden entfernt.

☆ **Klistier**

Für den Heilerde-Einlauf. Es gibt verschiedene Ausführungen. Lassen Sie sich in der Apotheke oder dem Sanitätshaus beraten.

☆ **Wasser**

Für die Einnahme der Heilerde ist ein stilles Mineralwasser am geeignetsten. Bei äußeren Anwendungen wird Leitungswasser verwendet.

☆ **Ätherische Öle**

Ätherische Öle können je nach Indikation den Wickeln und Umschlägen beigegeben werden.

☆ **Heilkräuter**

Sie können als Tee getrunken werden oder dem Heilerdebrei zur äußeren Anwendung beigegeben werden. Die Wirkung der Heilerde wird dadurch verstärkt.

Die Anwendungsarten

Heilerde ist ein einfaches, aber sehr wirksames Heilmittel. Sie läßt sich innerlich, äußerlich, kalt, warm, trocken und naß anwenden. Durch ihr breites Wirkungsspektrum kann man sie bei jeder Krankheit einsetzen. Akute Krankheiten heilen in der Regel schnell. Bei chronischen Erkrankungen sollte Heilerde kurmäßig mit Geduld über einen längeren Zeitraum verwendet werden. Man sagt, die Heilung einer chronischen Erkrankung dauert so lange, wie sie gebraucht hat, sich zu entwickeln. Bei den meisten Krankheiten, wie z. B. Akne und Rheuma, ist es sinnvoll, die Einnahme von Heilerde mit einer äußeren Anwendung zu kombinieren. Die Heilung vollzieht sich so auf zwei Ebenen. Von innen macht man sich die reinigende Wirkung der Heilerde zunutze und behandelt die Krankheitsursache. Von außen werden die Entzündung und Schmerzen gelindert.

Innere Anwendungen

Am besten wählen Sie eine feine Heilerde aus und nehmen am Abend einen Teelöffel Heilerde vor dem Schlafengehen mit Wasser oder Tee ein. Danach bereiten Sie die Heilerde für den nächsten Morgen vor. Die Menge für Erwachsene und Kinder ab 12 Jahren: ein Teelöffel. Kinder von 3-12 Jahren die Hälfte und Säuglinge eine Teelöffelspitze. Die Wirkung der Heilerde kann erhöht werden, wenn unmittelbar vor und nach der Einnahme, ca. 2 Stunden, nichts gegessen wird. Auch die Verwertung der Nahrung wird dadurch nicht behindert. Nach einem fetten Essen kann man sich außerdem die fettaufsaugende Wirkung zunutze machen und die Heilerdelösung sofort im Anschluß zu sich nehmen. Bei bestimmten Erkrankungen (siehe Indikationen) ist es sinnvoll, ein Glas mit Heilerdetee oder - wasser auch über den Tag verteilt zu trinken. Zu diesem Zweck füllt man sich die notwendige Portion in ein leeres Filmdöschen ab. Heilerde kann so problemlos transportiert und sehr schnell eingenommen werden!

☆ **Einnahme von Heilerdepulver und Nachtrinken**
Heilerde einnehmen und im Mund mit einem kleinem Schluck Wasser vermischen. Den Heilerdebrei hinuntergeschlucken und ca. ein Glas Flüssigkeit nachtrinken.

☆ **Einspeicheln von Heilerde im Mund**
Einen Teelöffel Heilerde im Mund zergehen lassen, bis sie sich verflüssigt hat, bzw. sie einspeicheln, ohne zu kauen. Diesen Brei schlucken und auch ca. ein Glas Flüssigkeit nachtrinken. Bei Entzündungen im Mundbereich kann man die Wirkung der Heilerde voll ausnutzen, indem man die Heilerde mit der Zunge über Zahnfleisch und Zähne verteilt und möglichst lange einwirken läßt.

☆ **Das konzentrierte Heilerdewasser**

Ein Teelöffel Heilerde wird in einem Glas mit stillem Mineralwasser oder lauwarmem Tee aufgefüllt. Am besten einige Stunden vor Gebrauch oder am Abend zuvor anrühren. Danach kräftig umrühren und langsam schluckweise trinken. Um einen Bodensatz zu vermeiden, zwischendurch immer wieder aufrühren. Bei Kindern empfiehlt sich ein Strohhalm, um den erdigen Geschmack zu umgehen.

☆ **Das milde Heilerdewasser**

Ein Teelöffel Heilerde in einem Glas mit stillem Mineralwasser oder lauwarmem Tee auffüllen und kräftig umrühren. Dieses Heilerdewasser solange stehenlassen, bis sich die Heilerde gesetzt hat. Der leicht trübe Überstand wird getrunken. Den Bodensatz kann man erneut aufgießen und für ein mildes Heilerdewasser verwenden.
Das milde Heilerdewasser enthält die »Information der Heilerde« sowie wasserlösliche Mineralien. Personen mit erhöhtem Blutdruck oder Verstopfung sollten mit dem milden Heilerdewasser beginnen.

☆ **Rollkur bei Magenerkrankungen**

1-2 Teelöffel Heilerde werden mit lauwarmem abgekochten Leitungswasser übergossen. Dann dieses Heilerdewasser langsam, unter mehrmaligem Aufrühren, in kleinen Schlucken trinken und sich sofort ins Bett legen. Zuerst 5 Minuten auf dem Rücken, dann 5 Minuten auf der rechten Seite, 5 Minuten auf dem Bauch und zum Schluß 5 Minuten links. Dadurch erreicht die Heilerde alle Bereiche des Magens. Heilerde legt sich als schützende Schicht über die Magenschleimhaut. Reizungen und Entzündungen können sich beruhigen und heilen sehr schnell ab.
Die Rollkur sollte bei akuten Beschwerden zweimal täglich durchgeführt werden. Morgens nüchtern nach dem Aufwachen, mindestens eine Stunde vor dem Frühstück und vor dem Schlafengehen, mindestens eine Stunde nach dem Abendessen.

Äußere Anwendungen

Es gibt viele Möglichkeiten, Heilerde äußerlich anzuwenden. Sie können sich nach den Vorschlägen in der Indikationsliste richten oder versuchen, in Ihren Körper hineinzuhorchen - »Was tut mir gut?«, »Warm oder kalt«, »Wo ist es mir angenehm?« Beschäftigen Sie sich ruhig mit sich selbst. Sie werden Vertrauen zu sich und Ihrem Körper entwickeln. Sollte Ihnen Wärme angenehmer sein als Kälte, dann wenden Sie Heilerde natürlich warm an.

Heilerde-Puder

Bei Verbrennungen, Sonnenbrand, Wunden (Schrammen, Kratzer, Risse etc.), Ausschlägen (Windeldermatitis), offenen Geschwüren, übermäßiger Schweißabsonderung, Ekzemen, zur Schmerzlinderung bei Hautbeschwerden, Hautjucken und Insektenstichen, als Babypuder.

Im allgemeinen ist die Behandlung mit feuchtem Heilerdebrei wirksamer und der Trockenbehandlung vorzuziehen. Für die oben genannten Indikationen ist der Heilerdepuder jedoch sehr gut geeignet. Er wirkt kühlend und schmerzlindernd, antiseptisch, saugt Wundsekrete auf, fördert die Wundheilung und sorgt für den narbenlosen Wiederaufbau des Gewebes. Die betroffenen Hautstellen je nach Bedarf mehrmals täglich einpudern und eventuell mit einem leichten Verband (100 % Baumwolle, kein Synthetik!) umhüllen. Die Heilerde je nach Indikation einige Zeit einwirken lassen. Bei akuten und schweren Erkrankungen häufig wiederholen; bei chronischen Erkrankungen eine längere Zeitspanne zwischen den Anwendungen wählen. Die Heilerde mit kaltem oder lauwarmen Wasser abspülen oder einfach auf der Haut belassen.

Wird die trockene Heilerde mit Hilfe eines Pulverbläsers auf die zu behandelnde Stelle aufgeblasen, lädt sie sich elektrisch auf und verändert dadurch den elektrostatischen Haushalt der Zellen. Die Heilung wird beschleunigt.

Kalte Anwendungen

Bei akuten und schmerzhaften Erkrankungen, Verbrennungen, Erkrankungen des Bewegungsapparates, der Venen und Lymphgefäße, Weichteilrheumatismus, Fieber, Schwellungen, Hauterkrankungen und -verletzungen.

Heilerde feucht anwenden heißt, sie im allgemeinen kalt anwenden. Zwei Voraussetzungen gibt es: Der »Behandlungsraum« und der zu behandelnde Körper müssen warm sein. Ein Kältegefühl verhindert die gewünschte Wirkung! Um den Kreislauf anzuregen und den Körper zu erwärmen, können vorher ein paar gymnastische Übungen durchgeführt werden. Die kalte Heilerde-Anwendung entzieht zunächst Wärme und lindert Schmerzen und Entzündungen. Sekundär führt dieser Reiz zu einer Aktivierung von Kreislauf, Stoffwechsel, Drüsen- und Nervenfunktion, welche für den Heilungsprozeß von großer Bedeutung sind. Stellt sich ein allgemeines Frösteln und Frieren ein, Wärme in Form einer Wärmflasche o. ä. zuführen oder die Anwendung unterbrechen.

Warme Anwendungen

Bei sehr empfindlichen Personen (alte Menschen und Kinder), Grippe, Nervenentzündungen, Ischias, chronischen Gelenk- und Rückenschmerzen, Muskelverspannungen, nicht entzündlichem Rheuma, Stirn- und Kieferhöhlenentzündungen, Bronchitis, Unterleibsschmerzen (Regelschmerz), Blasen- und Nierenentzündung, Furunkel, Koliken, Leberbeschwerden.

Heilerde darf nie direkt und nur einmal erhitzt werden! Eine sanfte Erwärmung in einem Wasserbad oder auf der Heizung schützt sie vor Zerstörung. Wärme muß mit Hilfe einer Wärmflasche o. ä. zugeführt werden. Warme Anwendungen wirken mild und entspannend. Sie geben chronischen Schmerzen und Entzündungen die nötige Energie zur Ausheilung.

☆ **Das Heilerde-Pflaster**

Insbesondere bei Hauterkrankungen, Geschwüren, Insektenstichen, Akne (als Gesichtsmaske), Abszessen, Erkrankungen des Bewegungsapparates, Arthritis etc.

Es wird eine streichfähige und nicht zähe Heilerdepaste mit Wasser oder Kräutertee hergestellt und direkt auf die Haut gestrichen. Je größer die zu behandelnde Hautfläche ist, desto dünner die Heilerdeschicht auftragen. An stark behaarten Körperstellen Gaze oder ein dünnes Baumwolltuch zwischen Haut und Heilerde legen. Im Normalfall die Heilerde bis zur Trocknung auf der Haut lassen, sie fällt fast von selbst ab. Die Reste mit feuchtwarmen Tüchern abnehmen bzw. lauwarm abduschen.

Bei sehr trockener, empfindlicher Haut die Heilerde vor der vollständigen Trocknung abnehmen. Bei offenen Wunden nur ein Heilerde-Wasser/Tee-Gemisch auftragen! Auf keinen Fall einen mit Öl angerührten Heilerdebrei verwenden.

Durch das Heilerde-Pflaster kommt es zu einer stärkeren und schnelleren Verdunstung als bei Wickel und Auflagen. Dabei wird Flüssigkeit von innen nach außen geleitet, wodurch eine starke Saugwirkung auf der Haut entsteht. Wunden werden gereinigt, das normale Hautmilieu wird wiederhergestellt und die nötige Energie zur Heilung (Durchblutung) angeregt.

☆ **Der Heilerde-Wickel**

Bei fast allen Erkrankungen. Bei einem Wickel umschließen alle drei Tücher die zu behandelnde Körperstelle rundherum. Das innerste Wickeltuch kann mit konzentriertem Heilerdewasser getränkt oder angefeuchtet und mit einem Heilerdebrei bestrichen werden. Ich bevorzuge und empfehle den Lehmwasserwickel, da er in den meisten Fällen ausreicht, oder gleich ein Heilerdepflaster. Der Wickel soll dem zu behandelnden Körperteil eng anliegen, so daß die nötige Heilatmosphäre entstehen kann. Sobald der Hautkontakt fehlt, ver-

Ein klassischer Wickel besteht aus drei Tüchern

1. Ein nasses Wickeltuch, das mit der Haut in Kontakt kommt. Es wird zwei- bis sechsfach gefaltet und kann bei kleinen Wickeln ein Papiertaschentuch oder Haushaltspapier sein, bei großen Wickeln eine Windel, ein Leinentuch oder ähnliches.
2. Ein trockenes Zwischentuch, z. B. ein Leinentuch oder Geschirrtuch.
3. Das äußere Abschlußtuch in Form eines Woll-, Molton- oder Flanelltuches.

Nur Tücher aus natürlichen Materialien verwenden! Sie sind hygienisch, atmungsaktiv und unterstützen die Wirkung des Wickels. Den Wickel keinesfalls mit wasserundurchlässigen Stoffen, wie Folien oder Gummitüchern, »abdichten«. Als Unterlage, zum Schutz des Bettes, kann man sie jedoch verwenden.

liert der Wickel an Wirkung! Lufträume zwischen Haut und Heilerde blockieren die Erwärmung und hinterlassen ein unangenehmes Kältegefühl.

Die Dauer der Einwirkzeit ist je nach Erkrankung und Zweck verschieden. Ein Kurzzeitwickel bleibt ca. 20-30 Minuten, ein Langzeitwickel 45-90 Minuten auf der zu behandelnden Stelle. Sobald ein Wickel trocken geworden ist, muß er abgenommen werden, da es sonst zu einem Rückstau von Wärme und Giftstoffen kommen kann! Zur Vertiefung der Heilwirkung muß der Körper während und nach dem Wickel unbedingt in einem Ruhezustand sein. Am besten legt man sich ins Bett und deckt sich warm zu.

Ein Wickel wirkt lokal an der aufgelegten Stelle und auf den ganzen Organismus. Er regt die Durchblutung und Funktion der Haut an und unterstützt die Ausscheidung von krankheitsbedingten Stoffen. Nach Pfarrer Kneipp wirkt ein Wickel auflösend und ausleitend. Der Körper wird entlastet und Wärmehaushalt, Kreislauf und Nervensystem regulieren sich. Auch innere Organe können über den Reflexbogen,

Haut - Rückenmark - Organ, erreicht werden. Ein Wickel beruhigt, entspannt und lindert Schmerzen. Die gesamten Kräfte der Abwehr und Selbstheilung werden aktiviert. Ein Wickel hat aber noch einen anderen Aspekt. Über ihn kann man sich und auch anderen Zuwendung und Liebe schenken. Durch diese vielfältigen Wirkungen wird die körperliche, seelische und geistige Ebene beeinflußt und eine ganzheitliche Heilung gefördert.

Die verschiedenen Wickel

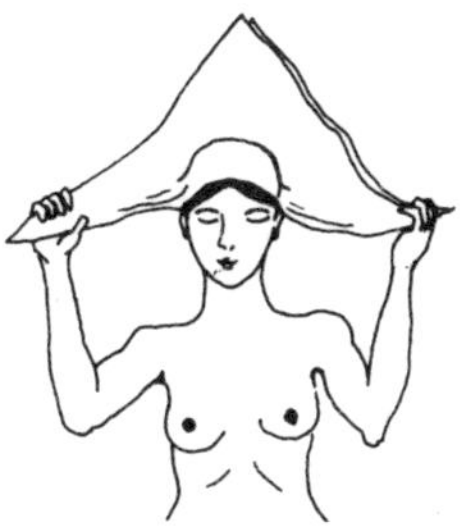

Kopfwickel

Bei Kopfschmerzen, Migräne, Gehirnhautentzündung, Fieber. Ein zum Dreieck gefaltetes Baumwolltuch wird wie ein »Kopftuch« nicht vorne, sondern hinten zusammengesteckt oder gebunden. Die Stirn soll mit einbeziehen.

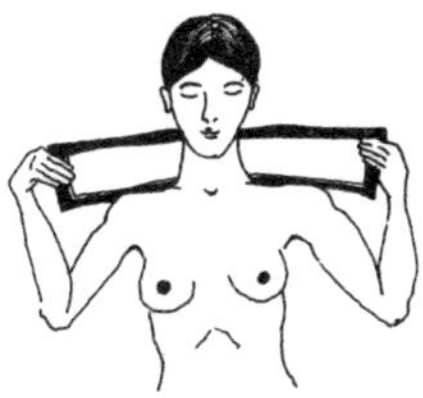

Halswickel

Bei Halsweh, Mandelentzündung (Angina), Entzündungen der Hals- und Rachenschleimhaut und der Halslymphknoten, Kehlkopfentzündung, Schilddrüsenentzündung.
Der Wickel umschließt den ganzen Hals.

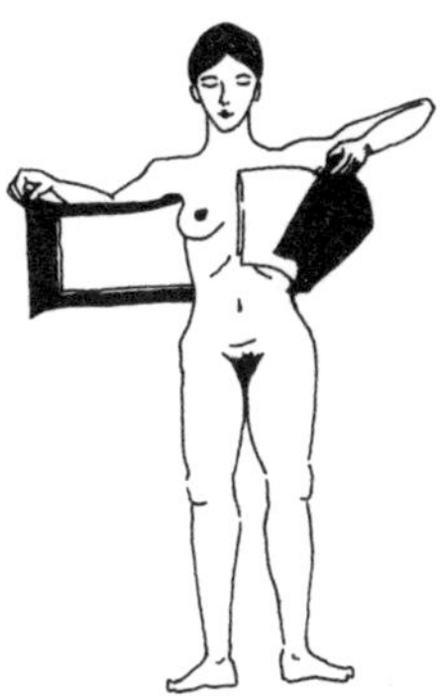

Brustwickel

Bei akuten und chronischen Entzündungen der Atmungsorgane, wie Bronchitis, Bronchialasthma , Keuchhusten u. a., Rippenfell- und Lungenentzündung, Herzentzündung.
Dieser Wickel wird zirkulär um den Oberkörper geführt und reicht von den Achselhöhlen bis zum untersten Rippenbogen.

Bauchwickel

Bei Erkrankungen, Schmerzen und Krämpfen von Magen, Leber, Galle, Bauchspeicheldrüse und der Nieren, beruhigt, fördert das Einschlafen.

Der Bauchwickel wird zirkulär vom unteren Brustkorbbereich bis unterhalb des Nabels gewickelt.

Leibwickel (Lendenwickel)

Bei Erkrankungen der Bauch- und Beckenorgane, wie Dünndarm, Dickdarm, Blinddarm, Eierstöcke, Gebärmutter, Regelschmerzen, Beschwerden in den Wechseljahren sowie zur Steigerung der Abwehr durch Anregung der Milz, bei Nervosität und Schlafstörungen.

Das »Universalmittel Lendenwickel« wird um den ganzen Unterkörper vom Nabel bis zur Mitte des Oberschenkels gelegt.

T-Wickel

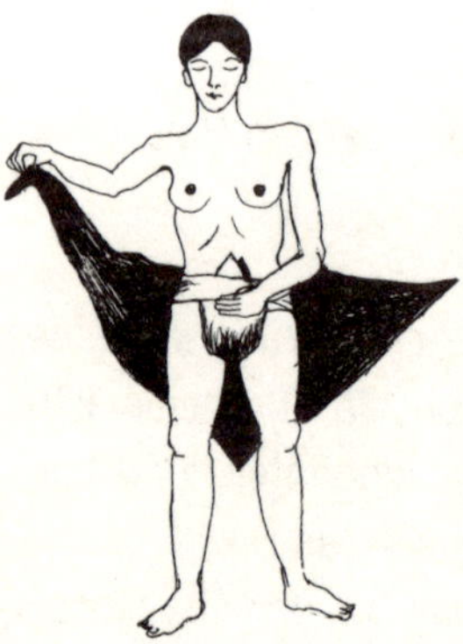

Bei Entzündungen der inneren und äußeren Geschlechtsteile, Hämorrhoiden, Blasenentzündung, Prostataentzündung.

Der T-Wickel wird wie eine Windel mit einem Dreiecktuch gewickelt. Die Dreieckspitze wird zwischen den Beinen durchgezogen und vorne mit den zwei anderen Enden und Sicherheitsnadeln zusammen befestigt.

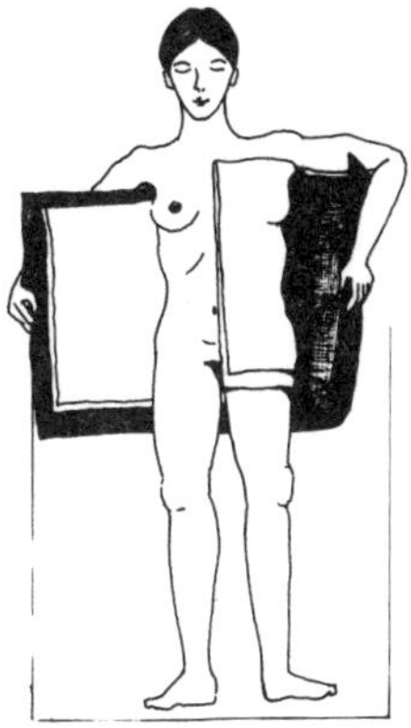

Rumpfwickel

Bei starkem Fieber, Grippe, Gliederschmerzen, Durchblutungsstörungen von Armen und Beinen, kalten Füßen, zur Erhöhung der Widerstandskraft.

Die Wickeltücher werden um den gesamten Rumpf, von den Achselhöhlen bis zur Leiste, gewickelt.

Kreuzwickel

Bei Weichteilrheumatismus, Bronchitis, Lungenentzündung, Rückenschmerzen, Nacken- und Schulterverspannung.

Der Kreuzwickel besteht aus zwei Bahnen Wickeltüchern, die wie ein Kreuz gelegt werden. Auf den Mittelpunkt des Kreuzes legt man sich mit dem Rücken und führt die Enden über die Schultern und auf den Seiten über dem Brustkorb zusammen. Die Tücherenden werden mit Sicherheitsnadeln befestigt.

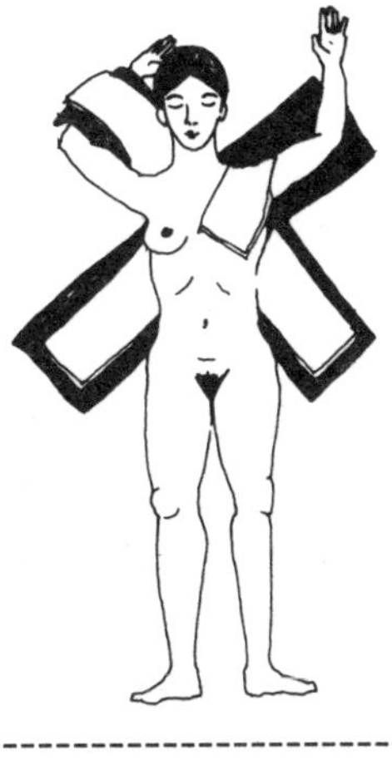

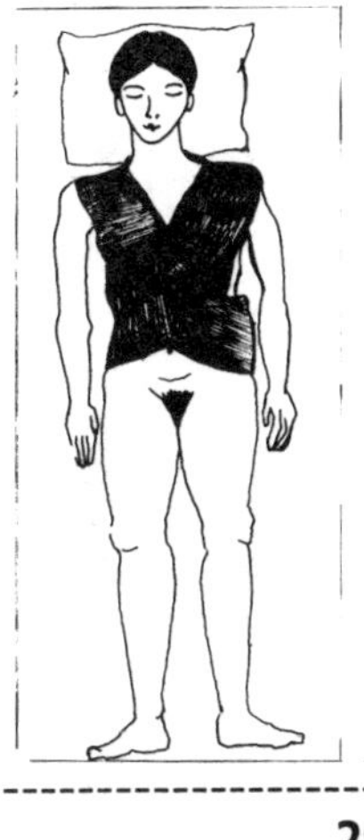

Armwickel

Bei Verletzungen, Tennisarm, Sehnenscheidenentzündung, Schleimbeutelentzündung.
Der Armwickel umhüllt den ganzen Arm vom Handgelenk bis zur Achselhöhle. Er kann aber auch, je nach Erkrankung, um den Unter- oder Oberarm gewickelt werden.

Handwickel

Bei Sehnenscheidenentzündung, Karpaltunnelsyndrom, Verletzungen, Verbrennungen, Rheuma, Gicht.
Die ganze Hand wird mit einem Dreiecktuch möglichst faltenfrei bis über das Handgelenk eingebunden.

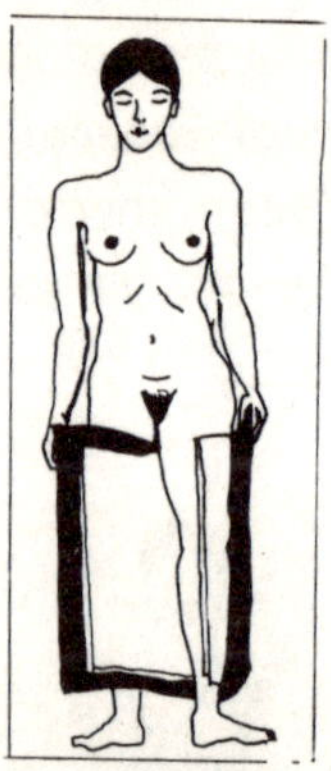

Beinwickel

Bei Entzündungen der Venen und Lymphgefäße, Durchblutungsstörungen, Krampfadern, Cellulitis.
Dieser Wickel wird um das gesamte Bein gelegt.

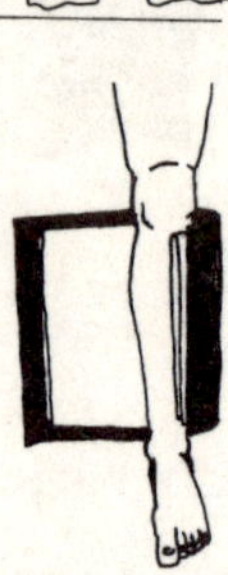

Wadenwickel

Bei Fieber, Unterschenkelgeschwüren, Venenentzündungen, Schlafstörungen, allgemeiner Unruhe.
Der Wadenwickel bedeckt den ganzen Unterschenkel vom Fußgelenk bis zur Kniekehle. Für eine Allgemeinwirkung, z. B. bei Fieber und Schlafstörungen, wird er beidseitig angelegt.

Gelenkwickel

Bei akuten und chronischen Entzündungen der Gelenke (Arthritis, Arthrose), Gelenkerguß, Schleimbeutelentzündung.

Der Wickel sollte zur oberen und unteren Seite des Gelenks eine Handbreit herausragen.

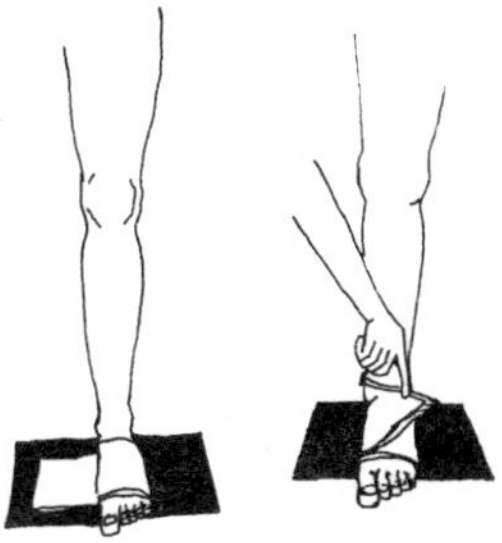

Fußwickel – »Nasse Socken«

Bei Verletzungen, Krampfadern, Fieber, Schlafstörungen, Kopfschmerzen, Gicht.

Der Fußwickel wird wie der Handwickel mit einem Dreiecktuch gewickelt. Die Alternative sind »Nasse Socken«. Sie liegen fest an und sind auch für Ungeübte schnell und einfach durchzuführen. Dafür braucht man zwei Paar Baumwollsocken und ein Paar Wollsocken, die den Fuß einschließlich Knöchel bedecken. Das erste Paar Baumwollsocken wird mit konzentriertem Heilerdewasser getränkt, ausgewrungen und übergestülpt, trockene Socken werden darüber gezogen, den Abschluß bilden die Wollsocken.

Das Lehmhemd

Bei Fieber, Sonnenbrand, Hauterkrankungen; weitere Anwendungen siehe Rumpfwickel. Das Lehmhemd ist durch Sebastian Kneipp bekannt geworden. Man braucht dazu zwei ausgediente kurzärmelige T-Shirts oder Hemden und eine Wolldecke. Die T-Shirts müssen jedoch hinten aufgeschnitten werden, um das Anziehen im nassen Zustand zu erleichtern. Ein Hemd wird in ein Heilerdewasser bzw. dünnen -brei getaucht und ausgedrückt, bis es nicht mehr tropft, und dann vorsichtig angezogen. Darüber kommt ein trockenes Hemd. Zum Abschluß wickelt man sich in eine Wolldecke ein und legt sich ins Bett.

Durch das Lehmhemd wird die Ausscheidung und Ableitung von Stoffwechselgiften über die Haut angeregt. So kommt es zur Entgiftung und Entlastung des Organismus. Die basisch wirkende Heilerde neutralisiert anfallende saure Stoffwechselprodukte, was sich positiv auf den Körper und die Haut auswirkt. Entzündungsreaktionen wie Rötung, Wärme und Schmerzen lassen sehr schnell nach.

Die Heilerde-Auflage

Die Heilerde-Auflage eignet sich bei fast allen Erkrankungen.

Sie unterscheidet sich vom Wickel dadurch, daß das innerste Tuch nicht um das entsprechende Körperteil geschlungen wird, sondern nur die beiden äußeren. Das innerste Tuch wird mehrfach gefaltet und wie beim Wickel mit konzentriertem Heilerdewasser getränkt oder angefeuchtet und mit Heilerdebrei bestrichen. Es liegt direkt auf der zu behandelnden Körperstelle auf. Die Auflage wird bei Trocknung oder Erwärmung nach ca. 20-90 Minuten vorsichtig mit feuchtwarmen Tüchern abgenommen. Die verbleibenden Heilerdespuren dienen der Haut zur Regeneration, Pflege und zum Schutz. Während und nach der Auflage soll, wie bei jeder Heilerde-Anwendung, geruht werden.

Da die Heilerde-Auflage nicht wie ein Wickel das ganze Körperteil von allen Seiten erfaßt, steht an erster Stelle die lokalisierte Wirkung und an zweiter die Allgemeinwirkung. Eine Auflage wirkt sanft und milder als ein Heilerde-Pflaster oder -Wickel.

Gesichtsmaske

Allgemein bei Hautkrankheiten und zur Pflege, Reinigung und Regeneration der Haut, bei unreiner, fettiger Haut (Pickel, Mitesser, Pusteln), Akne, Sonnenbrand, Ausschlägen, Falten, Gesichtsschmerzen, Trigeminusneuralgie.

Für eine Heilerdemaske braucht man ca. 4-8 Teelöffel Heilerde. Je nach Hautbeschaffenheit kann der Heilerdebrei mit Wasser, Tee,

Milch oder Saft angerührt oder bestimmte Zusätze wie Aromaöle, Essig, Quark, Sahne, Pflanzenöl, Weizenkleie, Eigelb usw. zugesetzt werden. Der Brei sollte streichfähig sein. Zum Auftragen verwendet man am besten einen Pinsel. Die fertige Masse wird auf das ganze Gesicht gestrichen, wobei die Partien um die Augen und den Mund frei bleiben. Auch der Hals und das Dekolleté können mit einbezogen werden. Eine dick aufgestrichene Maske (ca. 1/2 cm) wirkt intensiver, braucht aber länger zum Trocknen. Durchschnittlich bleibt die Maske 20-30 Minuten auf dem Gesicht. Für diese Zeit sollte man sich etwas Ruhe gönnen. Eine Aromalampe mit den entsprechenden ätherischen Ölen (z. B. Lavendel) und Musik fördern die Entspannung. Eine intensivere Reinigung wird durch eine vollständige Trocknung des Heilerdebreis erreicht.
Wer zu roten Äderchen (Couperose) neigt, muß die Maske vor dem Antrocknen entfernen, da sich die Couperose durch die vermehrte Durchblutung verschlimmern kann. Die Maske wird nach der Trocknung mit kaltem oder lauwarmem Wasser abgespült oder mit einem feuchten Tuch sanft abgerieben. Die Haut wird so von abgestorbenen Hautschüppchen befreit (Peeling).
Bei empfindlicher, trockener oder gespannter Haut kann danach eine Gesichtscreme oder Jojobaöl aufgetragen werden. Jojobaöl, eigentlich ein Wachs, wird von der Haut vollständig aufgenommen und hinterläßt keine Fettspuren. Es wäre aber gut, wenn man auf diese Nachbehandlung zumindest am Abend verzichtet, da die Haut durch die Heilerde zur Ausscheidung aktiviert wird und durch Cremes nicht behindert werden sollte. Die Gesichtsmaske sollte bei normaler und empfindlicher Haut einmal, bei fetter und unreiner Haut zweimal pro Woche aufgelegt werden.
Spezielle Anwendungen für die verschiedenen Hauttypen und Schönheitsprobleme siehe »Weitere Anwendungen Schönheit«.
Durch die Heilerdemaske kommt es zur Pflege, tiefen Reinigung und Regeneration der Haut. Der Stoffwechsel und die Durchblutung wer-

den angeregt und die Poren geöffnet und gereinigt. Überschüssiger Talg, Bakterien, Hautausscheidungen und abgestorbene Hautzellen werden aufgenommen und entfernt. Der natürliche Säuremantel wird ausgeglichen und wiederhergestellt, so daß sich fette oder empfindliche Haut normalisiert und irritierte Haut beruhigt. Die vermehrte Durchblutung der Haut führt zu einer besseren Sauerstoffversorgung des Gewebes. Ein frischer, rosiger Teint und eine vorübergehende leichte Rötung der Haut bestätigen dies. Die in der Heilerde enthaltenen Mineralien und Spurenelemente werden zum Teil von der Haut aufgenommen. Falten werden geglättet und die Haut leicht gestrafft.

Gurgelwasser

Bei Zahnfleischbluten und Entzündungen von Zahn und Zahnfleisch, der Mundschleimhaut (Aphthen, Soor etc.), der Zunge und des Gaumens, Mundgeruch, Angina, Reiztherapie bei Erkrankungen der Verdauungsorgane.

Als Gurgelwasser dient ein lauwarmes, mildes oder konzentriertes Heilerdewasser (pro Glas 2 Teelöffel Erde). Um die Heilwirkung zu verstärken, kann man je nach Erkrankung 5-10 Tropfen eines ätherischen Öles (z. B. Nelke oder Pfefferminze) bzw. ein fertiges Gemisch (Salviathymol) zugeben. Auch ein Heilerdewasser mit dem lauwarmen Tee aus Kamille, Salbei, Zinnkraut oder Blutwurz ist bei Erkrankungen im Mund- und Rachenraum sehr hilfreich.

Das Heilerdewasser bindet Bakterien, Pilze und deren Stoffwechselprodukte. Der Mund- und Rachenraum wird gereinigt und die Vermehrung der Erreger gestoppt. Die Entzündung heilt ab und die Schmerzen lassen nach.

Nasenbad

Bei Schnupfen, Nebenhöhlenentzündungen, Ohrenschmerzen.

Für ein Nasenbad wird ein konzentriertes Heilerdewasser, eventuell

mit Kamillentee, hergestellt. Es wird ein- bis zweimal täglich wie folgt durchgeführt: Die Nase in das Heilerdewasser tauchen, dabei ein Nasenloch zuhalten und das Wasser durch das andere Nasenloch hochziehen. Danach die andere Seite spülen.
Durch diese Spülungen werden Krankheitserreger und Schleim sorbiert und entfernt. Entzündungen, auch der Ohren, werden positiv beeinflußt und klingen ab.

Teil- und Vollbad

Bei Hauterkrankungen (Dermatitis, Ekzem, Allergien), Blasen- und Nierenentzündung, Erkrankungen des Bewegungsapparates, Rheuma, Depressionen, Beschwerden in den Wechseljahren, Unterleibsbeschwerden, Grippe, Koliken (z. B. bei Nierensteinen), zur Anregung des Stoffwechsels, Entgiftung, Entsäuerung und Steigerung des Allgemeinbefindens.
Für ein Vollbad ca. 0,5-1 kg Heilerde in die Badewanne mit warmem Wasser (ca. 36-38° C) rühren. Die Wassertemperatur soll als angenehm empfunden werden und keinesfalls zu heiß sein. Beginnen Sie mit 5-10 Minuten, und dehnen Sie das Bad dann langsam auf 20-30 Minuten aus. Danach duschen oder sich gleich abtrocknen. Die Wirkung wird jedoch verstärkt, wenn man das Heilerdewasser auf der Haut trocknen läßt, bevor man sich abduscht. Der Trocknungsprozeß wirkt anregend, soll aber nur in einem warmen Badezimmer durchgeführt werden. Nach dem Bad sich zum Nachschwitzen für 1-2 Stunden ins Bett legen oder das Ganze am Abend durchführen und danach gleich schlafen gehen.
Für Herz-Kreislauf-Kranke reicht eine Badedauer von 10 Minuten oder ein Teilbad. Bei den Teilbädern (Sitzbad, Arm- oder Fußbad) tauchen nur bestimmte Körperteile ins Wasser. Sie belasten den Kreislauf weniger als Vollbäder, wirken aber auch nicht so intensiv. Die Badedauer beträgt 5-10-20 Minuten. Außerdem gilt: Je höher die Temperatur, um so kürzer das Bad.

Heilerdevollbäder können zwei- bis dreimal wöchentlich, Teilbäder sogar täglich durchgeführt werden. Als Badezusatz geben Sie 10 Tropfen eines für den Hauttyp geeigneten ätherischen Öles zu.
Ein Heilerde-Bad wirkt sich positiv auf den ganzen Organismus aus. Es kommt zu einer Steigerung der Blutzirkulation und damit zur Anregung von Haut, Organen und Stoffwechsel. Hauterkrankungen beruhigen sich und der Körper wird zur Reinigung und Regeneration motiviert. Auch die Seele entspannt.
Tip: Damit es nicht zu einer Rohrverstopfung kommt, immer ein feinmaschiges Stoffläppchen auf den Ausguß legen. Die Erde als Dünger verwenden oder auf den Komposthaufen werfen.

☆ **Das Felke-Bad**
Noch heute noch gibt es in Bad Sobernheim mehrere Kurhotels, die die Felke-Kur professionell durchführen. Die mit Holz ausgekleidete Grube wurde durch Wannen ersetzt, in die ein Lehmbrei gefüllt wird. Das Lehmbad wird unter freiem Himmel genommen und dient der Reinigung, Entschlackung und Regeneration. Gerade bei hartnäckigen, chronischen Leiden ist eine intensive Reinigungskur unter Aufsicht sehr zu empfehlen.

Der Heilerde-Einlauf

Bei Fieber, Fastenkuren, Darmerkrankungen, Verstopfung, Infektionskrankheiten, zur Stärkung des Immunsystems.
Für den Einlauf braucht man einen handelsüblichen Irrigator oder ein Klistier aus der Apotheke, in den man eine Mischung aus 1 Liter lauwarmem Wasser oder Kamillentee mit 2-3 Eßlöffeln Heilerde füllt. Die Anwendung wird wie vom Hersteller angegeben durchgeführt. Das Heilerdewasser soll möglichst lang im Körper bleiben, denn nur so kann die Heilerde Giftstoffe aufnehmen. Der Einlauf kann bei einer Fastenkur täglich, bei Infektionskrankheiten an drei aufeinanderfolgenden Tagen und sonst nach Bedarf angewendet werden.

Das ABC der Anwendungen

Da sich auch schwere Erkrankungen in Form von gewöhnlichen Symptomen wie Kopfschmerzen, Gewichtsabnahme usw. zeigen, sollten Sie sich zu Ihrer Sicherheit mit einem erfahrenen Naturheilpraktiker austauschen. Heilerde kann wahre Wunder vollbringen, doch die der Krankheit zu Grunde liegende Störung muß bekannt sein, um eine mit Erfolg gekrönte Behandlung sachgemäß durchführen zu können.

Die Anwendungsmöglichkeiten der Heilerde sind aufgrund der Wirkungsweise sehr vielfältig und werden mit anderen Naturheilmitteln und Therapien abgerundet. Die angegebenen Teemischungen können auch zum Anrühren der Heilerde für eine äußerliche Anwendung verwendet werden. Dosierungen sind für Erwachsene angegeben, Kinder erhalten entsprechend weniger.

❂ Abszesse und Furunkel ❂

Ein Abszeß ist eine eitrige Einschmelzung von Körpergewebe. Der Eiterherd kann überall im Körper auftreten und wird durch Bakterien wie Staphylokokken oder Streptokokken hervorgerufen. Entzündet sich ein Haarbalg in dieser Form unter der Haut, spricht man von einem Furunkel. Eine Abwehrschwäche, chronische Erschöpfung, falsche Ernährung und ein Vitamin A-Mangel fördern die Bildung von Furunkeln und Abszessen. Tritt ein Abszeß oder Furunkel immer wieder oder gehäuft auf (Furunkulose), können hormonelle Störungen, Gicht, Diabetes u. a. dahinterstecken. Heilerde desinfiziert, trocknet aus, nimmt die Entzündung und lindert die damit verbundenen Schmerzen.

Heilerde-Anwendungen

Bei entzündeten, schmerzhaften Abszessen und Furunkeln wird ein dickflüssiger Heilerdebrei mit kaltem, abgekochtem Wasser oder Kamillentee angerührt und direkt auf den Abszeß/Furunkel aufgebracht. Um die Heilung eines verhärteten chronischen (kalten) Abszesses oder Furunkels anzuregen, muß das Heilerde-Pflaster so warm als möglich angewendet werden. Ein Heilerde-Pflaster kann je nach Schwere der Erkrankung bis zu viermal täglich angewendet werden. Zwischendurch wird der Abszeß/Furunkel mit trockener Heilerde eingerieben. Sobald der Abszeß/Furunkel offen ist, halten Sie die Stelle mit Heilerdeumschlägen feucht, so daß der Eiter abfließen kann. Die Heilerdeauflagen unbedingt bis zur Heilung weiterführen. Ein Bauchwickel mit Heilerdewasser regt die Ausscheidungsorgane an und entgiftet.

Die äußerliche Anwendung wird durch die Einnahme von Heilerde, einmal täglich 1 Teelöffel, morgens auf nüchternen Magen, ergänzt.

Was Sie zusätzlich tun können

Die Reifung eines kalten Abszesses/Furunkels und die Sammlung von Eiter kann durch eine heiße Bockshornklee- oder Leinsamen-Auflage im Wechsel mit einem Heilerde-Essig-Brei gefördert werden. Ein Bockshornklee- oder Leinsamenbrei wird aus den gemahlenen Samen mit wenig Wasser gekocht und auf die entsprechende Stelle gestrichen. Auch die Zugabe von Teebaumöl zum Heilerdebrei hat sich bewährt. Die Erreger werden dadurch abgetötet. Entleert sich der Abszeß/Furunkel nicht von selbst, muß ein Therapeut mit einem kleinen Schnitt nachhelfen. Bitte keine Selbstversuche, da durch die Ausbreitung des Eiters nach innen eine Blutvergiftung verursacht werden kann. Finger weg von Abszessen/Furunkeln am Kopf, an Gelenken und an der Brust! Diese Behandlung ist Ärzten vorbehalten. Auf offene Abszesse/Furunkel darf bis zur Ausheilung nur ein mit abgekochtem Wasser oder Kamillentee angerührter Heilerdebrei aufgelegt werden. Dabei sehr auf die Hygiene achten! Durch eine vitamin- und mineralstoffreiche Ernährung, z. B. durch Rohkost, können die Stoffwechsellage und das Immunsystem stabilisiert und ein erneutes Auftreten verhindert werden.

Reinigungstee bei Abszessen und Furunkeln

Schafgarbe 30 g, Birkenblätter 30 g, Labkraut 30 g, Bockshornklee 20 g und Hagebutte 20 g. 2 Teelöffel dieser Mischung mit 1/4 Liter kochendem Wasser übergießen, 15 Minuten ziehen lassen und abseihen. Drei Tassen täglich lauwarm und ungesüßt trinken.

Akne

Die Ausführgänge der Talgdrüsen verstopfen. Dadurch kann der Talg nicht abfließen, ein idealer Nährboden für Bakterien entsteht, und Entzündungen der Haut in Form von Mitessern, Pickeln und Pusteln (kleinen Abszessen) bilden sich. Die Übergänge von unreiner Haut zu Akne sind oft fließend. Sie entsteht meist während der Pubertät und den Wechseljahren. Die hormonelle Umstellung und eine vermehrte Bildung von Stoffwechselgiften überfordert den Körper. Oder ein allgemein gestörter und überlasteter Stoffwechsel führt zur Ausscheidung von Giftstoffen über die Haut. Verstopfung, eine gestörte Darmflora und die Unverträglichkeit bestimmter Lebensmittel fördern aus diesem Grund die Akne. Heilerde hilft, Haut und Darm ins Gleichgewicht zu bringen und entgiftet und entsäuert den Körper.

Heilerde-Anwendungen

Aknebehandlungen mit Heilerde werden immer nach der Reinigung mit einer milden, seifenfreien Waschlotion durchgeführt. Tägliche Waschungen mit lauwarmem Lehmwasser wirken sich positiv auf das Hautbild aus.

Zwei- bis dreimal wöchentlich sollte eine Heilerde-Gesichtsmaske mit Essig oder Kräuterabsud, z. B. Arnika, aufgestrichen werden. Nach der Trocknung wird die Heilerde mit den Fingerkuppen sanft abgerubbelt. Abgestorbene Hautschüppchen werden entfernt, und der Talg kann wieder besser abfließen. Sind das Dekolleté und der Rücken betroffen, ist ein Lehmhemd zu empfehlen.
Zur Darmregulierung und Entgiftung des Körpers zwei- bis dreimal täglich einen Teelöffel Heilerde einnehmen.

Was Sie zusätzlich tun können

Eine reizarme Ernährung ist unbedingt notwendig! Das bedeutet, fette, stark gewürzte und gesalzene Speisen sowie Schweinefleisch meiden. Alkohol, Tabak und Süßigkeiten, insbesondere Schokolade, fördern und verschlimmern eine Akne. Auf sie sollte man ganz verzichten. Eine vitamin- (A, B2, E) und ballaststoffreiche Ernährung ist sehr zu empfehlen.
Die Haut muß gut gereinigt, darf aber nicht gereizt werden. Am besten benützt man eine speziell dafür geschaffene Pflegeserie mit Teebaumöl (siehe Bezugsquellen). Teebaumöl wirkt antibakteriell, reizt jedoch die Haut nicht. Bei stark entzündeter Haut kann ein- bis zweimal wöchentlich ein fünfminütiges Gesichtsdampfbad mit Kamille durchgeführt werden. Anschließend wird die Haut mit einem groben Frotteehandtuch trockengerieben. Die reifen und oberflächlichen Entzündungsherde werden dadurch entfernt. Eine Teebaumöl-Gesichtslotion desinfiziert und heilt. Das Ausdrücken der Pickel sollte einer Kosmetikerin überlassen werden.
Durch Sport und vermehrtes Trinken werden die Ausscheidungsfunktionen aktiviert und die Reinigung des Körpers wird verbessert.

Kräutertee bei Akne

Stiefmütterchen, Faulbaumrinde, Walnußblätter, Queckenwurzel, Schachtelhalm und Isländisch Moos zu gleichen Teilen mischen. Ein

Teelöffel dieser Mischung mit einer Tasse kochendem Wasser übergießen, 10 Minuten ziehen lassen und dann abseihen. Zweimal täglich eine Tasse genügt.

❂ Allergien ❂

Allergie bedeutet »anders reagieren«. Das Immunsystem »spielt verrückt« und reagiert auf Substanzen, auf die normalerweise keine abnormale, überschießende Reaktion zu erwarten wäre. Die Veranlagung dazu ist bereits im Erbgut enthalten und tritt bei den betroffenen Personen (Atopiker) in Form verschiedener Krankheitsbilder auf. Je nachdem, wo bei dem einzelnen die persönliche Schwachstelle sitzt, äußert sich die Allergie. Am häufigsten im Bereich der Atemwege, der Haut und des Darms, als Asthma, Neurodermitis, Morbus Crohn u.a. Bedingt durch Umweltverschmutzung und -vergiftung, Impfungen, Medikamente, Nährstoffmangel etc. kommt es zu einer Beeinträchtigung der Abwehrmechanismen, welche weitervererbt werden. Heilerde kann dem Körper die Veranlagung »Allergien zu bilden«, nicht nehmen. Sie entlastet jedoch das Immunsystem, indem sie Gifte aus der Nahrung und dem Darm bindet. Das Darmmilieu wird stabilisiert, das Immunsystem normalisiert und allergische Reaktionen lassen nach.

Heilerde-Anwendungen

Zur Stabilisierung des Immunsystems und Entgiftung zwei- bis dreimal täglich einen Teelöffel Heilerde in Wasser verrührt einnehmen. Am besten morgens auf nüchternen Magen, mittags eine halbe Stunde vor dem Essen und abends vor dem Schlafengehen. Durch diese Heilerdegabe wird auch ein möglicher Mangel an Mineralien ausgeglichen. Die Zunahme von allergischen Reaktionen wurde z. B. bei einem niedrigen Kupfer-Spiegel beobachtet.

Allergische Erscheinungen der Haut reagieren gut auf ein- bis zweimal täglich aufgelegte, kalte Heilerde-Auflagen und -Wickel. Zur allgemeinen Umstimmung und zur lokalen Hautbehandlung ist ein Lehmhemd geeignet, das über Nacht am Körper bleiben kann.
Zwischendurch kann die entsprechende Hautstelle mehrmals täglich mit trockener Heilerde eingerieben werden. Besonders bei juckenden Allergien ist dies geradezu eine Wohltat.
Ein Bauchwickel am Abend vor dem Zubettgehen regt den Organismus zur Ausscheidung der angesammelten Schadstoffe an.

Was Sie zusätzlich tun können

Auf Substanzen, die das Immunsystem ungünstig beeinflussen, ist vorübergehend zu verzichten. Diese können durch einen auf Allergien spezialisierten Heilpraktiker gefunden werden. Sobald der Körper entgiftet und stabilisiert ist, kann eine Bioresonanztherapie helfen, sogenannte überschießende Reaktionen - wie die Fachleute »Allergien« nennen - zu vermeiden. Bei Allergien ist eine erhöhte Zufuhr an essentiellen Fettsäuren in Kombination mit Vitamin C, E, B-Komplex und Kalzium notwendig. Essentielle Fettsäuren sind z. B. in kaltgepreßtem Traubenkernöl, Leinöl und Nachtkerzenöl enthalten. Sie sind auch für viele andere Körperfunktionen unbedingt notwendig.
Da körperlicher und psychischer Streß Adrenalin sowie bestimmte Substanzen freisetzt, die an einer allergischen Reaktion beteiligt sind (Histamin, Serotonin etc.), ist es wichtig, in Harmonie mit sich und anderen (auch im Berufsalltag) zu leben. Autogenes Training, Meditation, Yoga, aber auch Bachblüten und Johanniskraut helfen, den Alltag möglichst ausgeglichen zu meistern.

Heilkräutertee bei Allergien

Trinken Sie über einen längeren Zeitraum zweimal täglich eine Tasse Brennesseltee (1 Teelöffel pro Tasse) mit Honig gesüßt. Es soll ein qualitativ hochwertiger Honig aus der näheren Umgebung sein, da dieser Pflanzensubstanzen enthält, die das Immunsystem trainieren. Der Honig darf erst in den bereits lauwarmen Tee eingerührt werden. Dann werden die Enzyme freigesetzt.

❂ Augenbeschwerden ❂

Augenreizungen und -entzündungen nehmen heutzutage drastisch zu. Überanstrengung durch zu lange Bildschirmtätigkeit und Allergien können Rötung, vermehrte Sekretion, Juckreiz und Brennen der Augen auslösen. Aber auch Wind, Kälte, Sonne, Staub und Rauch oder eine Grippe können Augenprobleme hervorrufen. Dauert die Entzündung länger als drei Tage und wurde sie durch keine der oben genannten Auslöser verursacht, sollte ein Augenarzt konsultiert werden; denn das Augenlicht ist durch nichts zu ersetzen! Bei alltäglichen Beschwerden jedoch kann Heilerde sehr nützlich sein. Sie beruhigt das entzündete Auge und lindert die Begleiterscheinungen.

Heilerde-Anwendungen

Ein mildes Heilerdewasser wird mit Augentrost- oder Kamillentee hergestellt und zwei Wattepads oder Taschentücher werden mit dem Überstand benäßt. 10-15 Minuten auf die Augen legen. Die Flüssigkeit soll und darf bedenkenlos ins Auge gelangen! Mehrmals täglich anwenden.

Zur Entgiftung und Versorgung des Körpers mit den notwendigen Mineralstoffen morgens nüchtern ein Glas Heilerdewasser trinken.

Was Sie zusätzlich tun können

Gönnen Sie auch Ihren Augen eine Pause! Legen Sie dazu Ihre Hände so über die Augen, daß kein Licht durchdringt. Öffnen Sie die Augen und schauen Sie in die Dunkelheit. Entspannen Sie sich, bis sich Ihre Augen beruhigt haben und Sie kein Flimmern mehr sehen.

Kontaktlinsenträger sollten von Zeit zu Zeit eine Brille tragen und die Linsen intensiv reinigen. Lesen Sie tagsüber, sonst ruinieren Sie sich die Augen! Gehen Sie öfter mal frühzeitig, mindestens aber vor Mitternacht ins Bett. Denn früh schlafen gehen, bedeutet nicht nur Erholung für die Augen! Übrigens, Alkohol belastet die Leber und hat eine Schwächung der Augensehkraft zur Folge. Vitamin- und mineralstoffreiche Kost macht das Auge widerstandsfähiger. Bei langen Autofahrten und bei Berufen, die die Augen strapazieren, stärken und schützen Augenschutzkapseln N (Salus) mit Vitamin A, B2 und Heidelbeer-Extrakt zusätzlich die Augenfunktion.

Heilkräutertee zur Stärkung der Augen

Fenchel 30 g, Augentrost 40 g, Himbeerblätter 30 g, Schöllkraut 25 g und Kornblume 30 g. 2 Teelöffel der Teemischung werden mit 250 ml kochendem Wasser übergossen. Nach ca. 15 Minuten abseihen und davon dreimal täglich eine Tasse trinken. Kurweise anwenden.

Bindegewebsschwäche

Unser straffes Bindegewebe umhüllt und unterteilt unsere Organe. Schützend und stützend sorgt es für einen festen Platz der Organe im Körper und versorgt die Organe über Nerven und Blutgefäße. Das weiche Bindegewebe, das sogenannte vegetative Grundsystem, ist den Organzellen vorgeschaltet und sorgt für Ernährung und den Abtransport der Stoffwechselschlacken. Das Gleichgewicht von Temperatur, Wasser und Säuren und Basen werden über dieses vegetative Grundsystem geregelt. In ihm lagern sich auch die Stoffe und Schlacken ab, die der Körper nicht ausscheiden kann. Chronische Erkrankungen im Alter, wie Rheuma, Arthritis usw., manifestieren sich im Bindegewebe und verändern es. Heilerde enthält durchschnittlich 50 % Kieselerde, die unter anderem für den Aufbau und die Festigung des Bindegewebes notwendig ist. Ihre basisch wirksamen Mineralstoffe und Spurenelemente gleichen den Säure-Basen-Haushalt aus und sorgen dafür, daß Stoffwechselschlacken ausscheidungsfähig werden.

Heilerde-Anwendung

Bei bestehenden Erkrankungen des Bindegewebes und des Säure-Basen-Haushaltes: Morgens und abends einen Teelöffel Heilerde in Wasser oder Zinnkrauttee einnehmen. Vorbeugend: Einen Teelöffel täglich, am besten abends.

❂ Blähungen ❂

Bei jedem Verdauungsvorgang entstehen im Darm durch Abbauprozesse Gase. Üblicherweise werden sie mit der Stuhlentleerung problemlos ausgeschieden. Eine übermäßig starke Produktion und Ansammlung von Gasen führt jedoch zu starken Schmerzen, Krämpfen, Kopfschmerzen, Schlafstörungen usw. Darmgase können unter anderem einen Angina-pectoris-Anfall vortäuschen, wie es z. B. beim Roemheld-Syndrom vorkommt. Dabei sammeln sich Gase meist in der linken Dickdarmkrümmung und drücken auf Zwerchfell, Lungen und Herz. Krankhaft gesteigerte Blähungen können viele Ursachen haben. An erster Stelle stehen Ernährungsfehler und Lebensmittel-Unverträglichkeiten. Auch eine veränderte Bakterienflora nach Antibiotikatherapie, Fermentstörungen der Bauchspeicheldrüse, funktionelle Störung von Leber und Galle sowie die Über- und Untersäuerung des Magens führen zu verstärkter Gasbildung. Heilerde reguliert die Magensäureproduktion und das Darmmilieu. Sie absorbiert schädigende Stoffe und giftige Darmgase. Luftmengen in Magen und Darm werden abgebaut. Siehe auch »Der Darm - das zentrale Organ«.

Heilerde-Anwendung

Bei akuten, kolikartigen Blähungsschmerzen wirkt ein heißer, mit Kamillentee angerührter Lehmwasserwickel um den Leib sehr entspannend und schmerzlindernd. Zur innerlichen Soforthilfe wird in den nachfolgend beschriebenen Heilkräutertee ein Teelöffel Heilerde gerührt und dreimal täglich warm getrunken.

Was Sie zusätzlich tun können

Unbedingt die Ursache für die Blähungen finden und diese behandeln! Blähende Nahrungsmittel vorübergehend weglassen, dazu gehören: Hülsenfrüchte (Bohnen, Linsen ...), Zwiebeln, Knoblauch, Steinobst (Aprikosen, Pflaumen ...), gekochter Rot- und Weißkohl, stark fett- oder zuckerhaltige Speisen und kohlensäurehaltige Getränke. Um ein »Luftschlucken« zu vermeiden: Kauen Sie langsam, speicheln Sie die Speisen gut ein - und sprechen Sie während des Essens nicht zuviel! Eine anschließende Bauchmassage im Uhrzeigersinn regt die Verdauung an, löst festsitzende Gasansammlungen und lindert Schmerzen.

Heilkräutertee bei Blähungen

Pfefferminze 30 g sowie Melisse, Fenchel, Kümmel und Wermut je 20 g. Einen Teelöffel der Mischung mit einer Tasse kochendem Wasser übergießen, 10 Minuten ziehen lassen, abseihen und warm trinken. Drei- bis fünfmal täglich, eine halbe Stunde vor den Mahlzeiten.

✪ Cellulitis ✪

Die Cellulitis, nicht nur Schönheitsproblem, sondern ernstzunehmender Hinweis auf eine Stoffwechselverschlackung, findet man überwiegend bei Frauen. Die in der Unterhaut eingelagerten Fettzellen sind bei Frauen größer als bei Männern und die weiblichen Bindegewebsfasern zwischen diesen Fettzellen schwächer und ungünstiger angeordnet. Normalerweise werden die Stoffwechselschlacken über die Lymphbahnen abtransportiert. Ein schwaches Bindegewebe und eine mangelnde Muskelpumpentätigkeit stören das Gleichgewicht von Versorgung und Entsorgung. Füllen sich die Fettzellen dann mit nicht entsorgungsfähigen Stoffwechselschlacken, blähen sie sich auf, da das Bindegewebe nicht kräftig genug ist, um ausreichend Widerstand entgegenzusetzen. Es kommt zu Dellen der Haut an Gesäß, Bauch und Beinen, die als »Orangenhaut« bekannt sind. Heilerde kräftigt das Bindegewebe und entgiftet den Körper. Äußerlich angewendet, wird die Durchblutung und der Abtransport von Schlacken aus den Fettzellen angeregt.

Heilerde-Anwendungen

Zwei- bis dreimal täglich Heilerde in Wasser oder Tee einrühren und trinken.

Für die äußere Anwendung stellt man sich einen Absud aus Heidekraut her. Dazu werden 150 g Heidekraut mit einem Liter Wasser übergossen. Nach dem Erkalten seiht man ab, rührt ca. 200 g Heilerde ein und verwendet dieses Lehmwasser für Wickel auf den betreffenden Stellen (Beinwickel). Zur stärkeren Durchblutung muß der Wickel kalt aufgebracht werden und bis zur vollständigen Trocknung auf der Haut bleiben. Zwei- bis dreimal wöchentlich.

Was Sie zusätzlich tun können

Unbedingt den Fett- und Zuckerkonsum einschränken. Überflüssige Pfunde mit einer »geordneten Ernährung (Diät)« abbauen. Zur Entschlackung braucht unser Organismus ca. 3 Liter Flüssigkeit, am besten Wasser. Ein Entschlackungstag in der Woche mit Molke und Heilerde (fünfmal ein Teelöffel) entlastet und trainiert den Körper. Molke schwemmt überflüssiges Wasser und Stoffwechselschlacken aus dem Körper, regt die Leberfunktion an, verbessert die Darmflora und enthält viele Nährstoffe. Besonders zu empfehlen: Sportarten, bei denen die befallenen Stellen besonders beansprucht werden (z. B.: Inline-Skaten, Callanetics usw.). Das Training verbessert den Schlackenabtransport über die Lymphe, indem die Muskeltätigkeit einen Massageeffekt auf das Bindegewebe ausübt.

Entschlackungstee bei Cellulitis

Blasentang 5 g, Mariendistel 25 g, Süßholzwurzel 10 g, Brennessel 20 g, Zinnkraut 20 g und Birkenblätter 20 g. Ein gehäufter Teelöffel dieser Mischung mit 150 ml kochendem Wasser überbrühen, zehn Minuten ziehen lassen, abseihen und noch lauwarm trinken. Zweimal täglich, am besten morgens, nüchtern und abends vor dem Schlafengehen eine Tasse des möglichst heißen Tees trinken.

❂ Darmentzündung ❂

Die Entzündung der Darmschleimhaut kann den Dünn- und Dickdarm betreffen. Es kommt zu Durchfällen und/oder Verstopfung, Bauchschmerzen bis hin zu Krämpfen, Aufblähung des Bauches, Blähungen, möglicherweise auch Fieber mit Appetitlosigkeit, Übelkeit und Brechreiz. Die Darmentzündung kann sowohl akut als auch chronisch auftreten. Häufig ist der Auslöser in einer bakteriellen oder viralen Infektion zu suchen, aber auch Nahrungsmittelallergien und eine Störung der Autoimmunabläufe sind häufig schuld. Um ursächlich zu behandeln und Folgeschäden zu vermeiden, sollte unbedingt ein Fachmann zu Rate gezogen werden. Viele Menschen leiden heutzutage an einer chronischen Entzündung des Darmes, einem sogenannten Reizkolon, bei dem eine gesteigerte Darmbewegung die Symptome hervorruft. Der Darm ist dabei nicht abnorm verändert. Auslöser sind Ernährungsfehler, Streß und seelische Probleme. Heilerde hilft, das Darmmilieu zu normalisieren. Erreger und ihre Toxine werden neutralisiert und ausgeschieden. Die Entzündung der Darmschleimhaut läßt nach und die damit verbundenen Symptome verschwinden.

Heilerde-Anwendungen

Viele bedeutende Ärzte bei Heilerdebehandlungen festgestellt, daß sie auch bei schweren Erkrankungen des Magen-Darm-Traktes hilft. Heilerde kann nicht schaden, nur nutzen, sollte aber in Absprache mit einem Therapeuten verwendet werden.

Heilkräuter für den Darm

Bei Reizdarm: Man hat festgestellt, daß Kurkuma (Gelbwurz) die Bewegungen des Darmes normalisiert. Kurkuma kann als Gewürz, aber auch in homöopathischer Form (Curcuma D3, fünfmal täglich 5 Tropfen) oder als Kombipräparat (Infiltrat, drei- bis fünfmal täglich 25 Tropfen) eingenommen werden. Trinken Sie öfter eine Tasse lauwarmen Melissentee. Er beruhigt nervöse Magen- und Darmbeschwerden.

Bei Darmentzündungen, zur Beruhigung und Kräftigung des Darmes: Johanniskraut 30 g, Thymian 30 g, Kamille 40 g und Süßholz 15 g. Zwei Teelöffel der Mischung mit 250 ml kochendem Wasser übergießen. Nach 10 Minuten abseihen und lauwarm trinken. Dreimal täglich eine Tasse.

❂ Darmparasiten ❂

Man hat festgestellt, daß Heilerde eine günstige Wirkung auf Würmer (Spulwürmer, Madenwürmer, Bandwürmer), Pilze und Bakterien hat. Durch die Reinigung und Regeneration der Darmschleimhaut wird den Darmparasiten die Existenzmöglichkeit geraubt.

Heilerde-Anwendungen

Besonders bei Madenwürmern: Vor dem Schlafengehen einen Heilerdeeinlauf, danach den After mit Heilerde einpudern. Zusätzliche Behandlungsmöglichkeiten sollten durch den Heilpraktiker oder Arzt eingeleitet werden.

Heilkräuter

Ein altes Hausmittel bei Würmern: Abends ein Butterbrot mit einer zerquetschten Knoblauchzehe. Bei Bandwürmern sollen Kürbiskerne helfen.

✪ Darmreinigung ✪

Der Darm reinigt sich tagtäglich selbst, kann aber durch eine Fasten- oder Heilerdekur unterstützt und intensiv gereinigt werden. Das empfiehlt sich auf jeden Fall zur Entlastung des Organismus bei chronischen Erkrankungen, Darmerkrankungen, Allergien etc. Siehe auch »Der Darm als zentrales Organ« und »Heilerde - Fastenkur«.

✪ Durchfall ✪

Beim Durchfall kommt es zur häufigen Entleerung von breiigen bis wäßrigen Stühlen und möglichen Begleiterscheinungen wie Kopfschmerzen, Krämpfen, Übelkeit usw. Der Körper sorgt für eine schnelle Darmpassage und versucht über diesen Weg, Krankheitserreger, Gift- oder Schlackenstoffe auszuscheiden. Ein akuter Durchfall soll deshalb nicht unterdrückt werden! Die möglichen Ursachen für dieses Symptom sind zahlreich und können sein: Infektionen (Bakterien, Viren, Pilze), Parasiten, verschiedene Darmerkrankungen (Colitis ulcerosa u. a.), Allergien, Nahrungsmittelunverträglichkeiten, Medikamente (Antibiotika u. a.), Giftstoffe (Schwermetalle u.a.), Störung der Verdauungsenzyme, eine Überfunktion der Schilddrüse, aber auch Streß, Angst und und und. Heilerde ist ein phantastisches Mittel bei jeder Art von Durchfall! Die auslösenden Giftstoffe und Krankheitskeime werden gebunden und die Darmflora wird stabilisiert. Heilerde reguliert und beruhigt den Darm. Verlorene Mineralien werden wieder zugeführt und ein Defizit wird ausgeglichen.

Heilerde-Anwendungen

Beim akuten Durchfall möglichst sofort schluckweise ein Glas lauwarmes, konzentriertes Heilerdewasser trinken. Mehrmals am Tag konzentriertes Heilerdewasser trinken oder Heilerde teelöffelweise einnehmen. Zum Ausgleich des Flüssigkeitsverlusts und zur Unterstützung der Ausscheidung der Giftstoffe viel Wasser oder Kräutertee trinken. Bis zum Abklingen der Symptome möglichst nichts essen. Vor dem Schlafengehen erneut ein Glas lauwarmes, konzentriertes Heilerdewasser schluckweise trinken. Besteht Fieber und hält der Durchfall trotz intensivster Anwendungen länger als zwei Tage an, sollte ein Arzt zu Rate gezogen werden.
Nicht nur bei Krämpfen: zweimal täglich warme (!) Leib- oder Bauchwickel mit Lehmwasser. Bei chronischen Durchfällen viermal täglich ein Glas lauwarmes, mildes Heilerdewasser schluckweise trinken. Vor dem Schlafengehen ein Glas konzentriertes Heilerdewasser. Zur Stärkung der Bauchorgane: einmal täglich ein kalter Lendenwickel mit Lehmwasser.

Was Sie zusätzlich tun können

Um den Körper zu entlasten, ist es sinnvoll, während der akuten Durchfallerscheinungen zu fasten. Erlaubt sind Tee, Wasser und Heilerde. Danach Diätkost, z. B. Haferschleim, geriebener, roher, ausgereifter Apfel usw. Nach 2 Tagen Übergang zur Normalkost. Bei chronischen Durchfällen die Ursache suchen und generell Schonkost! Grobe Vollkornprodukte meiden, da diese den meist entzündeten Darm reizen und das Problem verstärken!

Heilkräutertee bei akutem Durchfall

Johanniskraut, Fenchel und Anissamen zerstoßen, je 20 g sowie 40 g Schwarzer Tee. Ein Teelöffel der Mischung mit 150 ml kochendem Wasser übergießen, mindestens 10 Minuten ziehen lassen und warm trinken. 2-3 Tassen über den Tag verteilt trinken.

Ekzem

Das Ekzem ist eine der oft schubweise auftretende, juckende Hauterkrankung. Die Haut ist gerötet, kann Papeln, Bläschen und Krusten bilden, näßt und juckt. Im chronischen Stadium kommt es außerdem zur Bildung von Schuppen, Furchen, Rillen und Runzeln (Lichenifikation). Dadurch können Mikroorganismen wie Pilze und Bakterien ins Gewebe eindringen. Sekundärinfektionen sind nicht selten. Vielfach begünstigt eine Erbanlage die Bildung eines Ekzems. Hinzu kommen äußere und/oder innere Faktoren wie zu häufiges Waschen, Allergien, Stoffwechselerkrankungen (Diabetes mellitus, rheumatoide Arthritis u. a.), Darmerkrankungen, hormonelle Störungen (z. B. durch die Pille), Vitamin- und Mineralstoffmangel, Streß u. v. a. So wird es notwendig, für jeden Menschen eine individuelle Therapie zusammenzustellen. Heilerde rundet das Therapiekonzept ab, indem sie den Körper (Darm und Leber) entgiftet und von den belastenden Stoffwechselschlacken befreit. Stoffwechselfunktionen werden unterstützt, das Säure- und Basengleichgewicht von Haut- und Schleimhaut wiederhergestellt. Äußerlich wirkt Heilerde entzündungshemmend, reinigend und wundheilungsfördernd.

Heilerdeanwendungen

Morgens nüchtern und abends vor dem Schlafengehen ein Glas Heilerdewasser trinken, in schweren Fällen auch mittags.
Alle Ekzemarten morgens und abends mit einem aus Zinnkrauttee angerührten Heilerdebrei behandeln. Beim trockenen Ekzem kann Johanniskrautöl zugesetzt werden. Zwischendurch besonders das nässende Ekzem öfters mit Heilerdepuder einreiben. Am Abend sollte das Ekzem nach der Heilerdebehandlung mit Johanniskrautöl oder Melkfett eingecremt werden. Bei ausgedehnten Ekzemen am Oberkörper: ein Lehmhemd (Heilerde mit Zinnkrauttee) über Nacht. Außerdem: Anfangs täglich und bei Neigung zu Verstopfung nach Bedarf einen Einlauf mit Heilerdewasser. Vor dem Zubettgehen einen warmen Bauchwickel bzw. eine Heilerde-Auflage auf die Leber.

Was Sie zusätzlich tun können

Viel Gemüse, wenig tierisches Eiweiß und möglichst keine Fertigmahlzeiten. 1-2 Fastentage mit Heilerde sowie die Zufuhr von essentiellen Fettsäuren (Borretschsamenöl), B-Komplex und Zink sind besonders bei chronischen Ekzemen sehr zu empfehlen. Gezielte Homöopathie, Heilkräuter, Bioresonanz-, Farb- und Eigenbluttherapie wirken ganzheitlich, regen die Ausscheidungsorgane an, regulieren den Stoffwechsel und entgiften die Leber. Bei Streß und Belastungen helfen insbesondere Bachblüten, autogenes Training und Meditieren.

Reinigender Heilkräutertee bei Ekzemen

Schöllkraut 30 g, Zinnkraut 20 g, Klettenwurzel 20 g und Cystuskraut (cistus incanus tauricus) 30 g. 2 Teelöffel werden mit 250 ml kochendem Wasser übergossen. Nach 10 Minuten seiht man ab und trinkt den lauwarmen Tee dreimal täglich.

✪ Entzündungen, allgemein ✪

Eine Entzündung entsteht durch Mikroorganismen, chemische Substanzen, körpereigene Reize (Stoffwechselstörungen) sowie durch mechanische Einflüsse (z.B. Reibung) und physikalische Faktoren (z.B. Hitze, Strahlen). Die Entzündungsreaktion zeigt, daß der Körper die Gefahr erkannt hat und Gegenmaßnahmen einleitet. Heilerde hilft durch ihre vielfältige Wirkungsweise bei inneren und äußeren, akuten und chronischen Entzündungen gleichermaßen.

✪ Fieber ✪

Fieber kennen wir alle in Verbindung mit Infektionskrankheiten und Entzündungen, aber auch Allergien, Vergiftungen, neurologische Störungen, Rheuma u. a. können von Fieber begleitet werden. Fieber ist eine gesunde Reaktion unseres Immunsystems gegen Stoffe und Organismen, die den Körper schädigen. Durch die Erhöhung der Temperatur werden unsere Abwehrmechanismen angeregt und die Ausbreitung der Erreger gestoppt. Es ist deshalb unsinnig, in notwendige Körpervorgänge mit Fieber senkenden Medikamenten einzugreifen. Dadurch wird das Immunsystem blockiert, und die Eindringlinge können sich problemlos ausbreiten und gewinnen den Kampf. Kinder neigen generell zu höherem Fieber, so sind Temperaturen zwischen 40 und 41° C keine Seltenheit. Bei dieser Temperatur unterstützen natürliche, wärmeentziehende Maßnahmen wie Heilerdewickel den natürlichen Heilungsprozeß. Heilerde ermöglicht außerdem eine Bindung und schnelle Ausscheidung der anfallenden Stoffwechselgifte und versorgt den Organismus mit wichtigen Mineralstoffen.

Heilerde-Anwendungen

Heilerdewasser-Wickel kühlen intensiv und langanhaltend. Bei hohem Fieber beidseitig kalte Wadenwickel. Bei Kindern temperiertes Wasser (ca. 30° C) verwenden. Der ganze Körper muß dabei warm sein, nur so kann der Organismus in gewünschter Weise reagieren. Kalte Hände oder Füße von Fiebernden müssen deshalb vorher mit einem Hand- oder Fußbad bzw. einer Wärmflasche erwärmt werden. Bei sehr hohem Fieber kalte Rumpfwickel. Den Wickel, sobald er warm geworden ist (nach ca. 10 Minuten), erneuern. Tücher auswaschen und mit frischem Heilerdewasser tränken. Wenn die Temperatur um 1° C gesunken ist, werden die Wickeltücher entfernt.

Einen kleinen, gestrichenen Teelöffel Heilerde in ein großes Glas Wasser einrühren und Schluck für Schluck langsam trinken. Viermal täglich.

Was Sie zusätzlich tun können

Feste Nahrung belastet den Körper. Deshalb sehr viel Wasser trinken. Wasser- und Saftfasten über einen kurzen Zeitraum von 2-3 Tagen ist sehr zu empfehlen. Strenge Bettruhe! Bei Neigung zu Fieberkrämpfen, Asthma und wenn sich das Fieber mit den natürlichen Maßnahmen nicht senken läßt, unbedingt einen Arzt zu Rate ziehen.

Heilkräutertee bei Fieber

Holunder- und Lindenblüten zu gleichen Teilen mischen. Einen Teelöffel der Teemischung mit kochendem Wasser übergießen und nach 10 Minuten abseihen. Mehrmals täglich lauwarm mit Honig gesüßt trinken.

✪ Gicht ✪

Aufgrund einer vererbbaren Stoffwechselstörung kann die Niere das Abbauprodukt des Eiweißstoffwechsels, die Harnsäure, nicht ausscheiden. Die Harnsäurekristalle lagern sich daraufhin in vielen Körperteilen ab, hauptsächlich aber in und um die Gelenke. Sehr schmerzhafte Gelenkentzündungen sind die Folge. Das entzündete Gelenk ist hochrot, oft teigig geschwollen, heiß und sehr druckschmerzhaft. Der Anfall kann mehrere Tage dauern. Gehäufte Anfälle und ein chronischer Verlauf führen zu Verformungen an den Gelenken, die nicht mehr rückgängig gemacht werden können. Einen Anfall auslösen können: eiweißreiche Ernährung, Alkohol, Übergewicht, Streß u. a. Äußerliche Heilerde-Anwendungen kühlen und lindern die Schmerzen. Die Entzündung klingt rasch ab. Bei innerer Anwendung fördert die Heilerde die Ausscheidung der Harnsäure.

Heilerde-Anwendungen

Bei einem akuten Gichtanfall unbedingt kalte Auflagen und Wickel. Die chronische Gicht wird mit warmen Anwendungen behandelt. Der Heilerdebrei kann mit einer Teemischung aus Veilchenblüten und Arnika angerührt werden.
Zur Förderung der Harnsäureausscheidung zweimal täglich, morgens und abends, ein Glas Heilerdewasser trinken. Einmal täglich ein kalter Leibwickel mit Heilerdewasser unterstützt dabei die Niere.

Was Sie zusätzlich tun können

Gicht fördernde und auslösende Nahrungsmittel strikt meiden. Das sind Fleisch, Innereien, Alkohol, Zucker, weißes Mehl, Kaffee und Tee. Bestehendes Übergewicht reduzieren! Mindestens 8-10 Gläser Wasser täglich trinken, denn nur so hat der Organismus die Möglichkeit, Stoffwechselabbauprodukte auszuscheiden! Ein altes Hausmittel bei Gicht: Regelmäßig gekochte Sellerieknollen essen und den

Absud dazu trinken. Das betroffene Gelenk nach der Heilerde-Anwendung mit Johanniskrautöl einreiben.

Großvaters Heilkräutertee bei Gicht

Brennessel, Johannisbeerblätter, Grüner Hafer, Löwenzahn und Hauhechel zu gleichen Teilen mischen. 2 Teelöffel der Kräutermischung mit 250 ml kochendem Wasser übergießen, nach 10 Minuten abseihen und davon dreimal täglich eine Tasse trinken.

Grippe

Der grippale Infekt wird durch verschiedene Erreger, meist Viren, hervorgerufen. Bei der eigentlichen Grippe »Influenza« ist der Erreger, das Influenzavirus, bekannt. Sie ist hochansteckend und tritt häufig im Winter epidemisch auf. Es kommt zu einem plötzlichen Beginn mit hohem Fieber, Frösteln, Halsschmerzen, Kopf-, Glieder- und Muskelschmerzen, katarrhalischen Erkrankungen der oberen Luftwege, schlechtem Allgemeinzustand, eventuell auch Erbrechen, Leibschmerzen und Durchfällen (Darmgrippe). Durch die Grippe kann jedes Organ(system) toxisch geschädigt werden, was zum Auftreten unterschiedlicher Symptome führt. Um Komplikationen wie Mittelohr- und Lungenentzündung u. a. zu vermeiden, muß der Körper geschont und die Abwehr stabilisiert werden. Heilerde hilft dabei, indem sie Giftstoffe ausleitet und über die Reflexzonen der Haut positiv auf den ganzen Körper einwirkt. Der Organismus wird gestärkt und die Selbstheilungskräfte werden angeregt.

Heilerde-Anwendungen

Ein Einlauf mit Heilerdewasser ist ein altbewährtes und einfaches Mittel bei Infektionskrankheiten. Der Körper wird durch die Darmreinigung entlastet und entgiftet.

Zur Reinigung und Deckung des erhöhten Mineralienbedarfs (besonders bei Fieber): Morgens nüchtern und abends vor dem Schlafengehen ein Glas Heilerdewasser trinken. Bei schwerer Erkrankung zusätzlich über den Tag verteilt ein Glas Heilerdewasser.
Durch einen Leib- oder Rumpfwickel mit Heilerdewasser wird die Widerstandskraft erhöht. Er hilft bei Bronchitis und starkem Fieber. Um einen Schnupfen sowie Ohrenschmerzen zu lindern und möglichst schnell loszuwerden, ist ein Nasenbad mit Heilerdewasser bestens geeignet. Eine Heilerde-Auflage hinter dem Ohr lindert Ohrenschmerzen. Weitere Anwendungen siehe unter »Fieber» und »Halsentzündung«.

Was Sie zusätzlich tun können

Wer über genügend Abwehrkräfte verfügt, dem kann eine grassierende Grippe nichts anhaben. Um dem vorzubeugen, muß das Immunsystem durch eine leichte und nährstoffreiche Nahrung (A, C, E und Zink) gestärkt werden. Die Grippe-Impfung bietet keinen Schutz vor der Erkrankung. Sie schützt nur gegen bereits bekannte Erreger. Da sich diese aber ständig ändern, ist eine Impfung nur bedingt nützlich. Das Immunsystem wird unnötig belastet und geschwächt. Schwerere und hartnäckige Krankheiten können folgen. Sollte man sich schon angesteckt haben, ist Bettruhe unbedingt nötig, um dem Körper die Kraft zur Selbstheilung zu geben. Besonders wichtig sind warme Füße, das Vermeiden von starken Temperaturschwankungen und eine geregelte Verdauung.

Grippe-Tee

Lindenblüten 30 g, Kamille 20 g, Holunderblüten 20 g, Eisenkraut 25 g und Faulbaumrinde 15 g. 2 Teelöffel dieser Mischung werden mit 250 ml kochendem Wasser übergossen. Nach 10 Minuten abseihen und lauwarm, mit Honig gesüßt trinken. Dreimal täglich eine Tasse.

✪ Hämorrhoiden ✪

Hämorrhoiden, früher als »Gülden Ader« bezeichnet, sind krankhaft erweiterte Venen am Mastdarmende. Es kommt zu Juckreiz und Brennen am After, schleimiger Sekretion, Schmerzen beim Stuhlgang, aber auch Dauerschmerzen, starker Entzündung und Blutung während des Stuhlabganges. Der Stuhl ist dann mit hellrotem Blut bedeckt. Bei Blut im Stuhl sollten Sie aber nicht nur an Hämorrhoiden denken, denn auch bösartige Erkrankungen zeigen dieses Symptom. Es ist deshalb wichtig, so schnell wie möglich die Ursache für die Blutung herauszufinden. Zu Hämorrhoiden kommt es meist durch konstitutionell bedingte (vererbte) Bindegewebsschwäche sowie Blutstauungen im venösen System. Verschiedene Faktoren fördern die Entwicklung von Hämorrhoiden, sofern die Veranlagung dazu vorhanden ist: Zu langes Stehen und Sitzen, Heben schwerer Lasten, Verstopfung, Leberleiden, ballaststoffarme Ernährung, Schwangerschaft und Geburt. Durch die Einnahme von Heilerde wird die Verdauung geregelt und das Bindegewebe entschlackt und gefestigt. Äußerliche Auflagen lindern Juckreiz und Schmerzen. Entzündungen beruhigen sich und heilen ab.

Heilerde-Anwendung

Bei Verstopfungsneigung in den ersten 1-2 Wochen nur mildes Heilerdewasser dreimal täglich trinken. Sonst morgens nüchtern und abends vor dem Schlafengehen einen Teelöffel Heilerde in einem Glas Wasser oder Tee gelöst trinken.

Um das Pressen bei einer hochgradigen Verstopfung zu vermeiden, die Abheilung innerer Hämorrhoiden zu fördern und die Afterwände zu kräftigen, bei Bedarf einen Einlauf vornehmen.

Außerdem: Handwarme Heilerdeauflagen auf den After, eventuell mit Eichenrindenabsud oder Kamillentee angerührt, darüber einen T-Wickel. Leibwickel regen die Durchblutung an und stärken die inneren Organe. Sebastian Kneipp hatte mit Wickel- und Wasseranwendungen in Kombination mit Heilkräutern größte Erfolge bei Durchblutungsstörungen, Krampfadern und Hämorrhoiden. Sie sollten über einen längeren Zeitraum regelmäßig mindestens dreimal pro Woche durchgeführt werden. Bei nässenden, offenen und juckenden Hämorrhoiden zwischendurch mit trockener Heilerde einpudern.

Was Sie zusätzlich tun können

Besteht eine Verstopfung, muß diese mit natürlichen Mitteln und einer Ernährungsumstellung behoben werden. Bestehendes Übergewicht abbauen! Für eine bessere Durchblutung ist viel Bewegung und Sport in frischer Luft zu empfehlen. Auch das Bindegewebe wird dadurch kräftiger und Hämorrhoiden haben keine Chance. Nach jedem Stuhlgang unbedingt den After mit klarem Wasser reinigen! Zur Not für unterwegs: Immer ein Reinigungstuch, am besten mit Kamille, mitnehmen. Reinigungstücher nicht regelmäßig anwenden, da diese auf Dauer das Hautmilieu verändern und zu Reizungen führen können. Das Training des Schließmuskels entstaut und kräftigt die Venen: Mehrmals täglich den Schließmuskel für mehrere Sekunden zusammenziehen (10x).

Heilkräuter bei Hämorrhoiden

Eichenrinde-Sitzbad: 20 g gepulverte Eichenrinde wird mit einem Liter Wasser aufgekocht. Man läßt das Ganze 20 Minuten köcheln und seiht durch einen Papierfilter ab. Die Lösung wird dann in die Badewanne mit 20 cm hohem Wasser geschüttet. Diesem Sitzbad können auch mehrere Eßlöffel Heilerde zugesetzt werden. Die Badedauer beträgt 20 Minuten.
Ein Tee: Mariendistel und Hirtentäschel je 30 g sowie Kamille und Himbeerblätter je 20 g. 2 Eßlöffel der Mischung mit einem Liter kochendem Wasser übergießen. Nach 10 Minuten abseihen und in eine Thermoskanne füllen. Über den Tag verteilt schluckweise trinken.

❂ Halsentzündung ❂

Ein Befall von Hals, Mandeln, Rachen und Kehlkopf mit Bakterien, Viren oder Pilzen kann zu Entzündungen führen. Die Halsentzündung tritt meist jedoch im Gefolge einer Grippe, Kinderkrankheiten etc. auf. Auch eine Allergie, Überbeanspruchung der Stimme und Rauchen kann zur Reizung und Entzündung führen, die sich als Halsweh, Heiserkeit, Schmerzen beim Schlucken und Sprechen, Lymphknotenschwellung des Halses usw. bemerkbar macht. Besonders gefährdet sind Raucher, bei denen es häufig zu Komplikationen und Folgeerkrankungen wie Bronchitis u. a. kommt. Ursache der Infektionskrankheiten und allergischen Erscheinungen ist immer eine geschwächte Abwehr (siehe auch »Immunschwäche«). Heilerde bindet die Krankheitserreger und scheidet sie aus. Die Schleimhäute werden mit einer regenerierenden und schützenden Heilerdeschicht überzogen, die Entzündungen klingen ab und die Schmerzen lassen schnell nach.

Heilerde-Anwendungen

Zwei altbewährte Mittel bei Halsentzündungen sind das Gurgeln mit warmem Heilerdewasser sowie ein Halswickel mit Heilerdewasser, der auch über Nacht umgelegt werden kann.
Um den Heilungsprozeß von innen zu unterstützen, sollten 2 Gläser mit in Kamillentee angerührtem Heilerdewasser über den Tag verteilt getrunken werden.
Zur Stärkung der allgemeinen Abwehrkraft: Leibwickel mit Heilerdewasser.

Was Sie zusätzlich tun können

Dem Gurgelwasser können 5 Tropfen Salviathymol (Apotheke) oder ein ätherisches Öl, wie z. B. Nelke, Myrrhe oder Teebaumöl zugesetzt werden. Statt des warmen Wassers kann auch eine Abkochung aus

Kamillenblüten- und Salbeiblättern, zu gleichen Teilen gemischt, verwendet werden. Das Lehmwasser für den Halswickel kann mit einem Zinnkrauttee angerührt werden. Zur Stärkung der Abwehrkräfte dienen Acerola Lutschtabletten, die auch bei Kindern sehr beliebt sind. Sie enthalten natürliches Vitamin C der Acerola Kirsche, schmecken gut und werden leicht und schnell vom Körper aufgenommen.

Heilkräutertee bei Halsentzündungen

Thymian 40 g, Spitzwegerich 40 g und Isländisch Moos 20 g. Ein Teelöffel dieser Mischung mit einer Tasse kochendem Wasser überbrühen, 10 Minuten ziehen lassen, abseihen und lauwarm mit Honig gesüßt schluckweise trinken. Dreimal täglich eine Tasse.

Insektenstiche

Durch den Stich verschiedener Insekten wie Mücken, Bienen, Wespen usw. gelangt deren Gift in den Körper. Unsere Abwehr reagiert und kann im Extremfall bei entsprechend sensibilisierten Personen einen anaphylaktischen Schock auslösen. In einer solchen Situation, wie auch bei Insektenstichen im Mund und Rachen, muß sofort der Notarzt gerufen werden. Bleibt die Hautreaktion im normalen Rahmen, kann Heilerde schnelle Hilfe bringen. Bei sofortiger Anwendung gelangt das Insektengift nicht in die Tiefe. Juckreiz und Schmerzen lassen fast augenblicklich nach. Rötung und Schwellung um die Einstichstelle werden verhindert oder bilden sich schnell zurück.

Heilerde-Anwendungen

Nach Bedarf mehrmals täglich kalte Lehmwasserwickel oder einen Heilerde-Essig-Brei auftragen. Zwischendurch die Stellen mit trockener Heilerde einreiben. Einzelne Mückenstiche können folgendermaßen behandelt werden: Die kleine Stoff-Wundauflage eines Pflasters wird mit einem Heilerdebrei benetzt und auf den Stich geklebt. Bei Kindern besonders beliebt mit einem bunten Kinderpflaster! Hilft augenblicklich!

Was Sie zusätzlich tun können

Der Stachel des Insektes muß sofort herausgezogen werden! Die Wunde rasch mit Teebaumöl desinfizieren und so schnell wie möglich mit den Heilerde-Anwendungen beginnen. Zur generellen Abwehr von Mücken und anderen Insekten kann der Körper mit einer selbst gemischten Anti-Insekten-Körperlotion eingecremt werden. In ca. 200 ml Körperlotion gibt man je 5 Tropfen des ätherischen Öls Citronella, Lavendel, Geranium und Teebaumöl. Ein fertig gemischtes Insect-o-Stop-Massage-Öl sowie eine Insekten abweisende Mischung ätherischer Öle (Moskit-o-Stop) ist über Edel-Naturwaren (siehe Bezugsquellen) erhältlich.

❂ Ischias ❂

Der Ischiasnerv ist der längste aller Körpernerven. Er entspringt in der Kreuzbeingegend, zieht über das Gesäß und teilt sich dann in zwei Äste., die weiter über den Oberschenkel und der Beinaußenseite bis zum Fuß laufen. Durch Quetschung oder Reizung des Nervs entzündet sich dieser fast immer einseitig, und sehr starke Schmerzen im unteren Rückenbereich und dem Verlauf dieses Nerves sind die Folge. Ischias ist keine eigenständige Erkrankung, sondern ein Symptom, verursacht meist durch einen Bandscheibenvorfall und Verrenkung der Wirbelsäule. Ischias tritt auch auf in Verbindung mit Stoffwechselstörungen (Diabetes mellitus, Gicht), Schwangerschaft, Infektionskrankheiten, Vergiftungen (Alkohol ...).

Heilerde-Anwendungen

Bei sehr starken Schmerzen können die Schmerzen abgeleitet werden, indem man vorher die Heilerdeauflage auf die Brustwirbelsäule oder den Bauch legt.

Danach erst wird eine Heilerdebrei-Auflage auf den Rücken oder ein Kreuzwickel aufgelegt und die schmerzende Stelle mit einer Wärmflasche (so heiß als möglich) gewärmt. Für die Auflage wird der Heilerdebrei mit Johanniskrauttee oder einem Gemisch aus Essig und Wasser zu gleichen Teilen angerührt. Anschließend den Rücken und die schmerzenden Stellen mit Johanniskrautöl einmassieren.

Ein Heilerdebad wirkt schmerzstillend, da dadurch die gesamte Rückenmuskulatur entspannt und der Druck auf den Ischiasnerv gemindert wird.

Was Sie zusätzlich tun können

Bei anhaltend starken Schmerzen muß ein Orthopäde hinzugezogen werden, um einen möglichen Bandscheibenvorfall oder auch Tumor auszuschließen. Ist ein Wirbel infolge einer Verrenkung blockiert, kann ein Chiropraktiker weiterhelfen. Doch: Vorbeugen ist besser als heilen! Regelmäßiger Sport (Wirbelsäulengymnastik) kräftigt die Muskulatur und die Wirbelsäule gewinnt an Stabilität. Dem Bandscheibenvorfall und Ischias, hervorgerufen durch eine ungeschickte Bewegung, wird dadurch entgegengewirkt und aktiv vorgebeugt. Eine Behandlung mit Cortison läßt sich durch die Gabe von schmerzstillenden Vitaminen (E und B) oder Heilerde- und Heilpflanzenanwendungen in Kombination mit Akupunktur oder Neuraltherapie vermeiden.

Heilkräuter

Ein Tee aus der Wurzel der Teufelskralle wirkt entzündungshemmend und schmerzstillend. Der Tee wird wie folgt bereitet: 2 gehäufte Teelöffel Teufelskrallenwurzel mit 500 ml kochendem Wasser übergießen. Nach ca. 5 Stunden abseihen und diese Teemenge über

den Tag verteilen. Wem dies zu umständlich ist, kann auf Teufelskralle-Fertigpräparate aus der Apotheke zurückgreifen.
Nur als homöopathisches Medikament, da giftig, ist der Eisenhut zu empfehlen. Er hilft bei akuten Nervenschmerzen. Fünfmal täglich eine Tablette Aconitum D6 auf der Zunge zergehen lassen. Dieses Medikament ist einen Versuch wert. Grundsätzlich aber sollten Homöopathika individuell ausgesucht werden.

Knochenbruch

Heilerde sorgt für eine schnelle Mineralisierung und Heilung des Knochenbruchs.

Heilerde-Anwendung

Zweimal täglich einen Teelöffel Heilerde einnehmen. Zur Abschwellung vor Operationen und nach der Entfernung des Gipses dreimal täglich Heilerdewickel anlegen. Vielleicht ist es möglich, daß der Arzt einige »Fenster« in den Gips schneidet, so daß Sie auf diese Stellen Heilerde legen können. Die Heilung wird dadurch gefördert und die Haut »belüftet«.

Was Sie zusätzlich tun können

Viermal täglich eine Traumeel-Tablette (Apotheke) auf der Zunge zergehen lassen. Dieses homöopathische Medikament verstärkt im Körper die Information zur Heilung.

❂ Kopfschmerzen ❂

Kopfschmerz ist ein Warnsignal unseres Körpers, daß etwas nicht in Ordnung ist. Überwiegend sind Verspannungen im Halswirbelbereich und chronische Entzündungen der Nasennebenhöhlen und Zähne die Ursache. Der Kopfschmerz kann aber auch die Begleiterscheinung einer anderen Erkrankung sein und tritt in Verbindung mit Infektionskrankheiten, Sehstörungen, Magen- und Darmerkrankungen sowie Allergien auf. Viele Menschen vergessen, daß Genußmittel wie Alkohol und Tabak sowie Medikamente Kopfschmerzen hervorrufen. So werden häufig Schmerzmittel gegen die eigenen Gesundheitssünden und Nebenwirkungen von Medikamenten genommen. Selten ist der Kopfschmerz das Zeichen für einen Hirntumor, doch sollte dies immer ausgeschlossen werden. Heilerde reguliert die Verdauungsorgane und unterstützt die Reinigungsprozesse des Körpers. Der Organismus wird dadurch entlastet und ein mögliches Mineralstoffdefizit ausgeglichen. Äußerliche Anwendungen kühlen und lindern den Schmerz.

Heilerde-Anwendungen

Siehe Heilerde-Anwendungen bei »Migräne«.

Was Sie zusätzlich tun können

Durch eine genaue Diagnose muß die Ursache des Kopfschmerzes gefunden und dann die entsprechende Behandlung durchgeführt werden. Heilfasten mit Heilerde über einen kurzen Zeitraum unterstützt die Therapie und entgiftet Darm und Körper. Machen Sie sich Gedanken über die möglichen Ursachen des Schmerzes. Sind Sie vielleicht überlastet? Ist Ihre Ernährung ausgewogen oder einseitig? usw. Trinken Sie eine Tasse Pfefferminz- oder Heilkräutertee, und legen Sie sich für eine halbe Stunde mit einer Heilerde-Anwendung ins Bett. Es wirkt Wunder!

Schmerzlindernder Heilkräutertee bei Kopfschmerzen
Weidenrinde 25 g, Schlüsselblume 25 g, Pfefferminze 20 g, Johanniskraut 20 g, Steinklee 30 g und Schafgarbe 30 g. 2 Teelöffel der Mischung werden mit 250 ml kochendem Wasser übergossen. Nach 10 Minuten abseihen und davon dreimal täglich eine Tasse trinken.

❂ Kopfschuppen ❂

Ein weitverbreitetes und lästiges Problem sind Schuppen. Dabei löst sich die obere Hornschicht der Kopfhaut sichtbar ab. In manchen Fällen kommt ein unangenehmer Juckreiz hinzu, der oft durch eine sekundäre Infektion mit Bakterien und Pilzen ausgelöst wird. Kopfschuppen treten meist bei Personen auf, die zu einer Überfunktion der Talgdrüsen neigen. Schulmedizinisch ist die Ursache unklar. Doch aus Erfahrung hat sich bestätigt, daß das hormonelle Gleichgewicht, die Darmflora und Allergien in direkter Verbindung mit dieser Verhornungsanomalie stehen. Streß, Fehl- und Mangelernährung sowie Infektionskrankheiten fördern und verschlimmern die Schuppenbildung. Heilerde sorgt für die Aufrechterhaltung bzw. Wiederherstellung des natürlichen Gleichgewichtes der äußeren und inneren Haut. Einem Mangel an wichtigen Mineralstoffen wird vorgebeugt und entgegengewirkt..

Heilerde-Anwendungen

Vor jeder Haarwäsche (ca. dreimal pro Woche) eine streichfähige Heilerdepackung (siehe unter »Haarpflege«) mit Wasser oder Tee anrühren und auf die Kopfhaut auftragen. Die Packung soll ca. eine Stunde einwirken. Der Heilerdepackung kann auch ein verquirltes Eigelb und 5-10 Tropfen eines ätherischen Öles zugesetzt werden.
Heilkräuter: Zinnkraut und Schafgarbe haben sich besonders bewährt, aber auch aus Klettenwuzeln, Tausendgüldenkraut, Pfeffer-

minze und Arnika läßt sich ein wirkungsvoller Tee für die äußerliche Anwendung herstellen (2 Teelöffel auf 250 ml kochendes Wasser).
Ätherische Öle: Tea tree, Lavendel, Rosmarin, Oregano, Zeder
Zwischendurch können die Haare mit Heilerde-Shampoo, das anstelle eines normalen Shampoos verwendet wird, gewaschen werden. Dadurch beruhigt und normalisiert sich die Kopfhaut.
Bei juckender Kopfhaut und Schuppen hat sich ein mit Klettenwurzelöl und 20 Tropfen Grapefruitsamenextrakt angerührter Heilerdebrei bewährt. Er wird vor jeder Haarwäsche auf die Kopfhaut gestrichen und soll so lange wie möglich einwirken. Danach werden die Haare mit einem mild entfettenden Shampoo (z. B. »Antifett« von Sebexol aus der Apotheke) gewaschen, wobei die Kopfhaut massiert wird. Bei den ersten zwei Anwendungen kann die Kopfhaut etwas kribbeln oder leicht brennen. Dies beruht auf der durchblutungsfördernden und antiseptischen Wirkung dieser Packung und ist kein Grund zur Beunruhigung. Nach ca. 2 Flaschen Klettenwurzelöl verschwinden dann auch die hartnäckigsten Schuppen. Abends vor dem Schlafengehen einen Teelöffel Heilerde mit viel Wasser einnehmen.

Was Sie zusätzlich tun können

Zur Pflege von Haar und Kopfhaut sollen nur milde Haarshampoos verwendet werden. Es gibt nicht gerade wenig Leute, die auf die Inhaltsstoffe von vielen Haarpflegeprodukten allergisch reagieren. Durch Reizung und zum Schutz der Haut kommt es dann zu einer vermehrten Hornbildung. Durch eine ausgewogene Ernährung kann einem Mangel an wichtigen Vitaminen und Mineralstoffen vorgebeugt werden. Übrigens: Ein Mangel an Zink kann sich durch übermäßige und partielle Hautverhornungen sowie Haarausfall äußern. Interessant ist in diesem Zusammenhang, daß bei jedem physischen oder psychischen Streß, wie z. B. bei Operationen oder Liebeskummer, außergewöhnlich viel Zink über den Urin ausgeschieden wird!

Heilkräutertee bei Kopfschuppen

Brennessel 40 g, Schöllkraut 30 g und Schafgarbe 40 g. 2 Teelöffel der Teemischung werden mit 250 ml kochendem Wasser übergossen. Nach 10 Minuten seiht man ab und trinkt davon dreimal täglich eine Tasse.

❂ Krampfadern ❂

Durch eine angeborene Bindegewebsschwäche oder durch Schwangerschaft, Stauung im Pfortadersystem, extremes Stehen und Sitzen, Übergewicht u. a. kommt es zu einer chronischen Stauung des Blutrückflusses. Die Beinvenen erweitern sich, und ein Schweregefühl, verbunden mit angeschwollenen und schmerzenden Beinen, stellt sich ein. In schweren Fällen sind Venenentzündungen, ekzematöse Hautveränderungen und ein Unterschenkelgeschwür die Folge. Durch die in der Heilerde enthaltene Kieselerde wird das Bindegewebe gefestigt. Äußere Anwendungen fördern die Durchblutung und den Abtransport von Stoffwechselschlacken. Die Venenwände werden insgesamt elastischer. Siehe auch »Venenentzündung» und »Unterschenkelgeschwür«.

Heilerde-Anwendungen

Zu Beginn am besten eine Heilerdekur (dreimal täglich ein Teelöffel Heilerde) in Verbindung mit einem Kurzfasten (nicht bei Schwangerschaft) durchführen. Danach das Heilerdewasser morgens nüchtern und abends vor dem Schlafengehen einnehmen.

Beidseitige, kalte Beinwickel oder Pflaster (in der Badewanne) sind ein wirksames Mittel und werden schon lange Zeit erfolgreich eingesetzt. Sie sollten anfangs ein- bis zweimal täglich mindestens eine Stunde und später dreimal wöchentlich angewendet werden.

Auch ein Fußbad oder Rumpfwickel, einmal täglich, ist zu empfehlen. Die Durchblutung wird angeregt und Blutstauungen entgegengewirkt.

Was Sie zusätzlich tun können

Auch hier ist vorbeugen besser als heilen! Eine gesunde Ernährung und Sport (z. B. Laufen und Schwimmen) tragen dazu bei, Krampfadern gar nicht erst entstehen zu lassen. Zeigen sich die unschönen Krampfadern bereits, muß besonderes darauf geachtet werden, die Venen zu stärken und den Blutrückstrom zum Herzen zu verbessern. Vermeiden Sie langes Stehen und Sitzen, Wärme, Übergewicht, einschnürende Socken oder halterlose Strümpfe und Genußmittel wie Alkohol, Tabak und Süßigkeiten. Legen Sie dagegen öfters Ihre Beine hoch und streichen Sie sie sanft zum Herzen hin aus. Eine Stützstrumpfhose entlastet die Venen. Sie sollten besonders während der gesamten Schwangerschaft vorbeugend und unterstützend getragen werden. Stauungen infolge von Herz- und Lebererkrankungen müssen behandelt werden. Unbedingt auf eine geregelte Verdauung achten!

Homöopathisches Komplexmittel

Varicylum N Tropfen, drei- bis fünfmal täglich 10-20 Tropfen, in etwas Wasser einnehmen und auf der Zunge zergehen lassen.

✪ Magengeschwür ✪

Ein Magengeschwür entwickelt sich häufig aufgrund einer chronischen Magenschleimhautentzündung. Psychische Ursachen wie Streß, Ärger, Angst usw. fördern das Magengeschwür. Auch eine genetisch bedingte Veranlagung zu dieser Erkrankung wurde festgestellt. Die Therapie gehört in die Hände eines Heilpraktikers oder naturheilkundigen Arztes, da es zu Komplikationen wie Magenblutungen,

Durchbruch in den Bauchraum sowie krebsiger Entartung kommen kann. Die Heilerdetherapie ist aber auch hier von großem Nutzen, vorausgesetzt, man läßt die auslösenden Ursachen nicht außer acht.

Heilerde-Anwendungen

Eine Patientin mit chronischen Magen-Darm-Beschwerden hatte ständig Ärger und Streit mit ihrem Freund. Es entwickelte sich ein großes Magengeschwür, das durch eine Gastroskopie festgestellt wurde. Aufgrund der Größe wurde zu einer Operation geraten und ein Operationstermin festgelegt. Da die Patientin nichts unversucht lassen wollte, wurde sofort mit der unter »Magenschleimhautentzündung« beschriebenen Therapie begonnen. Außerdem wurden Bachblüten verordnet. Schon nach wenigen Tagen verbesserten sich die Beschwerden enorm. In der Folgezeit zog ihr Freund aus der gemeinsamen Wohnung, und die seelischen Belastungen hatten ein Ende. Nach ca. 4 Wochen mußte der Operationstermin nicht mehr wahrgenommen werden, da die nochmals durchgeführte Gastroskopie ein abgeheiltes Geschwür zeigte!

❂ Magenschleimhautentzündung ❂

Durch die Entzündung der Magenschleimhaut kommt es zu Schmerzen in der Magengegend, die sich nach dem Essen eher verstärken, verbunden mit Übelkeit, Brechreiz sowie Appetitlosigkeit. Die chronische Form entwickelt sich aus einer akuten Magenschleimhautentzündung, wenn diese nicht ausheilt und schädigende Einflüsse weiter bestehen. Schwere Streßsituationen, aber auch schädigende Stoffe (Alkohol, Rauchen, Medikamente ...), falsches Essen (zu schnell, zu heiß, zu kalt), zu viel oder zu wenig Magensäure, Campylobacter-pylori-Bakterien (Übertragung durch Stubenfliegen!) u. a. können zur Entzündung der Schleimhäute führen. Heilerde bindet schädigende Stoffe und beruhigt und schützt die Schleimhäute. Sie fördert die schnelle Abheilung der Entzündungen. Schmerzen und andere Begleiterscheinungen verschwinden schnell.

Heilerde-Anwendungen

Morgens oder abends eine Rollkur mit Heilerde-Kamillentee. Über den Tag verteilt 2 Gläser Heilerdewasser schluckweise trinken. Täglich ein- bis zweimal einen Bauchwickel. Bei einer akuten Entzündung warm, bei chronischen Beschwerden kalt.

Was Sie zusätzlich tun können

Um das erneute Auftreten der Beschwerden zu verhindern, müssen die auslösenden Faktoren gefunden und ausgeschaltet werden. Kein Fast food! Langsam essen und jeden Bissen gut kauen und einspeicheln. Die Zähne und der Speichel übernehmen so einen Teil der Verdauung und entlasten Magen und Darm.

Heilkräutertee bei Magenbeschwerden

Magentee Stada (Apotheke) nach Vorschrift anwenden.

✪ Mandelentzündung ✪

Die Entzündung des lymphatischen Rachenrings, insbesondere der Gaumenmandeln (Angina) wird meist durch Streptokokken (Gruppe A), aber auch durch andere Bakterien, Viren und Pilze hervorgerufen. Es kommt zu Fieber, Halsschmerzen und einem ausgeprägtem Krankheitsgefühl. Die Halslymphknoten sind geschwollen und druckschmerzhaft, und der ganze Rachenraum zeigt die Entzündungszeichen: Rötung, Schwellung, Schmerz. Wird eine Angina mit Antibiotika behandelt, wird die generell schon schwache Abwehr noch mehr geschwächt. Häufig wiederkehrende Entzündungen im

Rachenbereich resultieren daraus. Die Erkrankung sollte deshalb mit natürlichen Mitteln ausheilt werden. Komplikationen (Ohren) und Folgeerscheinungen an Herz, Nieren und Gelenken (Rheuma) können jedoch auftreten. Um Schäden zu vermeiden, ist eine intensivste Behandlung, Diät und Schonung (Bettruhe) wichtig, da der Körper nur so die nötige Heilungsenergie bekommt! Siehe »Halsentzündung«.

❂ Migräne ❂

Migräne ist eine besondere Art von Kopfschmerz. Die Kopfschmerzen treten meist anfallsartig und halbseitig lokalisiert auf. Migräne kündigt sich z. B. durch Sehstörungen, Augenflimmern und neurologische Ausfälle an. Die darauffolgenden starken Kopfschmerzen werden von Übelkeit, Erbrechen sowie Licht- und Lärmscheu begleitet. Im Laufe des Anfalls verschwinden die Begleiterscheinungen, und ein dumpfer Kopfschmerz bleibt Stunden, aber auch tagelang bestehen. Als Ursache werden Störungen des Stoffwechsels und des hormonellen Gleichgewichts, Allergien, Muskelverspannungen u. a. diskutiert. Auch die Psyche und eine erblich bedingte Veranlagung spielen eine große Rolle. Heilerde bindet körpereigene und mit der Nahrung zugeführte Gifte, wodurch der Körper gereinigt und entlastet wird. Äußerlich wirkt sie entkrampfend, kühlend und schmerzstillend.

Heilerde-Anwendungen

Bei Migräne, hervorgerufen durch eine Verspannung der Halswirbelmuskulatur: Feuchtwarme Heilerde-Auflagen auf den Nacken bzw. Halswickel entspannen. Auf eine heiße Wärmflasche gibt man ein kleines, mit Heilerdewasser getränktes Frotteetuch, und darauf legt man den Nacken.

Ein kalter Kopfwickel oder eine Heilerdepackung auf der Stirn kühlt und lindert Schmerzen.

»Nasse Socken« über Nacht, ein heißes Fußbad oder ein Kreuzwickel mit Heilerdewasser leiten ab.

Zur Entgiftung und Stärkung des Organismus: Morgens nüchtern oder/und abends vor dem Schlafengehen einen Teelöffel Heilerde mit viel Wasser einnehmen.

Bei Kopfschmerzen, hervorgerufen durch eine Verdauungsstörung, hilft ein Einlauf mit Heilerdewasser fast augenblicklich.

Was Sie zusätzlich tun können

Auch hier müssen die individuellen Ursachen gefunden und therapiert werden. Viele Nahrungs- und Genußmittel sind als Migräne-Auslöser bekannt, wie Schokolade, Käse, Nüsse, Wein, Alkohol u. a. Sie müssen - zur Entlastung des Körpers - in der Zeit der Therapie gemieden werden. Ein möglicher Mangel an Magnesium und den B-Vitaminen, insbesondere Niacin, kann migräneartige Kopfschmerzen hervorrufen. Eine Zufuhr von Magnesium in Kombination von Magnesium phosphoricum D6, 3x1 Tablette, hat deshalb oft schon Wunder gewirkt. Auch die Gabe von Bachblüten ist wichtig, da die Persönlichkeit eines Migränekranken in Richtung Perfektionismus und Ehrgeiz tendiert. Nachfolgend beschriebener Heilkräutertee meiner Mutter hat sich auch während eines Anfalls bewährt! Der Kopf wird frei und leicht, und die Kopfschmerzen lassen fast augenblicklich nach!

Heilkräutertee bei Migräne

Pfefferminze, Melisse, Bitterklee und Schlüsselblumenblüten werden zu gleichen Teilen gemischt. 1 Eßlöffel dieser Mischung wird mit 250 ml kochendem Wasser übergossen. Nach 10 Minuten seiht man ab und trinkt diesen Tee dreimal täglich über 4 Wochen. Nach einer Woche Pause wird er nochmals 4 Wochen getrunken und das Ganze dann noch einmal wiederholt. Die Teekur kann nach einem halben Jahr nochmals durchgeführt werden.

❂ Mineralstoffmangel ❂

Mineralien und Spurenelemente, kurz Mineralstoffe, sind lebensnotwendig zur Erhaltung unserer Abwehrkraft. Ohne sie wäre unser Leben nicht denkbar. Wir sind auf die Zufuhr von Mineralstoffen mit der Nahrung angewiesen. Durch denaturierte Nahrung und falsche Ernährung ist Mineralstoffmangel weiter verbreitet, als wir denken. Der Mineralstoffbedarf kann bei bestimmten Menschen auch höher liegen: In der Wachstumsphase, bei Schwangeren und stillenden Frauen, Rauchern, Menschen mit höherem Körpergewicht oder Neigung zu vermehrter Schweißbildung, anstrengender körperlicher Arbeit, Sportlern, bei der Einnahme bestimmter Medikamente sowie verschiedenen Erkrankungen (Durchfällen ...). Um Mangelerscheinungen und den daraus resultierenden Erkrankungen vorzubeugen, ist eine Nahrungsergänzung mit Heilerde zu empfehlen. Denn: Heilerde enthält alle für den Körper lebenswichtigen Mineralstoffe in einer natürlichen Zusammensetzung. Bei einer regelmäßigen Einnahme kann auf die Gabe weiterer Mineralstoffpräparate verzichtet werden.

Heilerde-Anwendung

Morgens nüchtern und über den Tag verteilt je ein Glas Heilerdewasser schluckweise trinken. Durch Heilerde-Bäder werden Mineralien über die Haut aufgenommen.

Homöopathie

Die fehlenden Mineralien können zusätzlich in homöopathischer Form eingenommen werden. Dem Körper wird dadurch die Information zur Aufnahme gegeben. Z. B. bei einem Eisenmangel: Ferrum phosphoricum D12, zweimal täglich. Selenmangel: Selenium D6, dreimal täglich. Kalziummangel: Kacinokatt N, dreimal täglich eine Tablette usw.

✪ Mundgeruch ✪

Meist wird mit Mundgeruch eine mangelhafte Mundhygiene oder der Genuß bestimmter Speisen und Getränke in Verbindung gebracht. Neben diesen Hauptursachen können sich u.a. auch Erkrankungen des oberen Verdauungstraktes (Mund, Zähne, Rachen, Magen) und der Atemwege (Nase, Nasennebenhöhlen, Lunge) sowie Diabetes hinter diesem Symptom verbergen.
Heilerde hat die Fähigkeit, gasförmige Stoffe aufzunehmen und anzulagern. Gerüche werden dadurch neutralisiert.

Heilerde-Anwendungen

Gegen Mundgeruch hilft das Gurgeln mit Heilerdewasser (siehe Anwendungen). Gleichzeitig normalisiert Heilerde das Mundmilieu und heilt Entzündungen.
Auch bei Gerüchen, die aus dem Magen kommen, ist Heilerdewasser zu empfehlen. Es soll schluckweise über den Tag verteilt getrunken werden. Siehe »Magenschleimhautentzündung«!

Was Sie zusätzlich tun können

Dem Gurgelwasser können 10-20 Tropfen Myrrhentinktur oder Salviathymol (Apotheke) zugegeben werden. Die ätherischen Öle wirken antiseptisch und riechen gut. Um den Mundgeruch für immer zu beseitigen, muß festgestellt werden, woher er kommt!

❂ Nagelbettentzündung – Nagelgeschwür ❂

Eine Nagelbettentzündung wird meist durch kleine Verletzungen, z. B. unsachgemäße Nagelpflege, verursacht. Bakterien dringen ein, und das empfindliche Gewebe um den Nagel rötet sich, schwillt an und schmerzt. Sind Staphylokokken an der Infektion beteiligt, kommt es zu einem eiternden Nagelgeschwür. Durch Heilerdeapplikationen werden die auslösenden Bakterien aufgenommen und entfernt. Die Entzündung beruhigt sich und heilt ab.

Heilerde-Anwendungen

Ein dünner Heilerdebrei wird mit lauwarmem Kamillentee (=antibakteriell) angerührt und der betroffene Finger darin mehrmals täglich 30 Minuten gebadet. Den Heilerdebrei nie zweimal verwenden! Sollte das aus zeitlichen Gründen nicht möglich sein, kann auch ein Finger-Schlauchverband mit einem Kamillentee-Heilerdebrei getränkt und mehrmals täglich, für eine halbe Stunde, kalt umgelegt werden. Zwischendurch den Finger mit trockener Heilerde einpudern und ruhig stellen (Schiene). Einmal täglich ein Teelöffel Heilerde fördert die Wundheilung und Regeneration.

Was Sie zusätzlich tun können

Der Heilerdebrei kann auch mit wundheilungsförderndem Ringelblumentee angerührt werden, dem man einige Tropfen antibakteriell wirkendes Teebaumöl beigibt. Um eine Blutvergiftung zu vermeiden, muß ein Nagel unter Eiter chirurgisch entfernt werden. Anschließende Heilerde-Anwendungen reinigen die Wunde und fördern den Wiederaufbau des Nagels. Homöopathisch aufbereitete Kieselerde, Silicea D12, ein- bis dreimal täglich eine Tablette, unterstützt den Heilungsprozeß bei Eiterungen.

✪ Neurodermitis ✪

Bei der Neurodermitis handelt es sich um ein Ekzem, das durch Veranlagung von innen heraus entsteht (endogen). Die Krankheit beginnt meist im frühen Kindesalter mit Juckreiz (nächtliche Juckkrisen) und Rötung der Haut. Bedingt durch den Juckreiz wird gekratzt, und die Haut entzündet sich immer mehr. Das ständige Jucken und Kratzen setzt einen Teufelskreis in Gang. Die Krankheit breitet sich aus, und durch Sekundärinfektionen mit Pilzen und Bakterien verschlimmert sich die ekzemartige Hauterscheinung. Es entsteht eine massiv entzündete und schmerzende Haut mit Furchen, Rillen, Runzeln und Linien (Lichenifikation). Die Veranlagung zu dieser Erkrankung ist angeboren. Dafür anfällige Kinder haben z. B. Milchschorf und leiden an erhöhter Infektanfälligkeit. Durch äußere Faktoren wie Impfungen, Allergene und psychische Faktoren geraten das Immunsystem und der körpereigene Stoffwechsel ins Ungleichgewicht: ein guter Nährboden für Neurodermitis. Heilerde kann nicht die Veranlagung zu dieser Erkrankung rückgängig machen. Sie ist jedoch fähig, den Körper zu entgiften und den Stoffwechsel zu entlasten. Durch äußere Anwendungen wird den Pilzen und Bakterien die Wachstumsgrundlage entzogen. Die Haut wird gekühlt, der Juckreiz gelindert, und die Entzündung der Haut nimmt ab.

Heilerde-Anwendungen

Siehe »Ekzem«.

Was Sie zusätzlich tun können

Da die Ursachen der Neurodermitis sehr vielfältig sind, muß ein individuelles Therapiekonzept erstellt werden. Sehr bewährt haben sich die Homöopathie, Phytotherapie, Farbtherapie (besonders bei Kindern) und die Bioresonanztherapie. Eine reizarme Ernährung, mit dem Verzicht auf bestimmte Nahrungsmittel, kann zeitweise sehr hilfreich sein. Das Kratzen soll auf jeden Fall unterbunden werden. Die trockene, nicht offene Haut kann mit Melkfett-Plus (siehe Bezugsquellen) eingecremt werden. Siehe auch unter»Ekzem«.

Heilkräuter bei Neurodermitis

Cystus Dr. Pandalis-Tee (Apotheke) besteht aus dem Kraut der Cistrose. Sie wird als der »europäische Teebaum« bezeichnet und wirkt keimtötend bei Bakterien, Pilzen und Viren. Der Tee kann innerlich und äußerlich bei entzündeter Haut, Schleimhaut und Nägeln angewendet werden und ist besonders bei Neurodermitis zu empfehlen. Ein Teelöffel des Krautes wird mit 150 ml kochendem Wasser überbrüht und soll nicht länger als 5 Minuten ziehen. Kinder trinken davon einmal und Erwachsene mehrmals täglich eine Tasse. Zur äußerlichen Anwendung wird ein Sud hergestellt: Eine Handvoll Cistuskraut mit 100-200 ml Wasser 5 Minuten kochen, dann abseihen. Der Sud ist zwei Tage im Kühlschrank haltbar. Die betroffenen Hautstellen werden damit zweimal täglich gewaschen und an der Luft getrocknet.

Essentielle Fettsäuren in Form von Nachtkerzen (9 % GLS)- oder Borretschsamenöl (24 % GLS, Glandol) gleichen die unangenehmen Folgen der verminderten Talgproduktion aus, wodurch die Elastizität und Geschmeidigkeit der Haut wesentlich verbessert wird. Sie werden als Nahrungsergänzung eingenommen, können aber auch auf die geschädigte Haut aufgetragen werden.

✪ Nieren ✪

Zur Anregung der Ausscheidungsfunktion sind warme Heilerde-Auflagen auf Nierenhöhe sehr gut geeignet. Eine Entzündung des Nierenbeckens muß vom Arzt behandelt werden. Heiße (!) Nierenauflagen unterstützen die Heilung.

✪ Ödeme ✪

Bei einem Ödem kommt es zur Ansammlung von Flüssigkeit im Gewebe, wodurch verschiedene Körperstellen und Organe schmerzlos anschwellen. Störungen und Schäden an den Organen, Herz, Leber und Niere sowie eine Allergie, Eiweißmangel, Hormonstörungen, Schwangerschaft, Entzündungen u. a.können ein Ödem verursachen. Die Einnahme der Heilerde wirkt regulierend auf viele Körperfunktionen. Äußerlich angewendet, verfügt sie über eine entwässernde und abschwellende Wirkung.

Heilerde-Anwendung

Lokale, kalte und dick aufgetragene Heilerdebrei-Auflagen/Pflaster müssen zur Steigerung des Wasserentzugs bis zur Trocknung auf der entsprechenden Stelle bleiben.
Kalte, ableitende Wickel, z. B. um die Knöchel und Waden bei Rechtsherzinsuffizienz, in der Schwangerschaft und nach langem Stehen, sind angenehm und lassen die Schwellung zurückgehen. Zusätzlich haben sie eine leicht kreislaufanregende Wirkung, wodurch die Schwere der Beine und Abgeschlagenheit verschwinden.
Ein- bis zweimal täglich einen Teelöffel Heilerde einnehmen. Rumpfwickel mit Heilerdewasser beeinflussen und harmonisieren den ganzen Körper. Die Durchblutung wird sanft angeregt, was sich auch günstig auf den Abtransport überschüssiger Flüssigkeit aus dem Gewebe auswirkt.

Was Sie zusätzlich tun können

Das Grundleiden muß unbedingt ausfindig gemacht und behandelt werden! Die Ernährung muß der Erkrankung entsprechend umgestellt werden. Ein Mangel an Kalium fördert die Speicherung von Wasser! Mögliche Kaliumräuber: Kaffee, Alkohol, Kochsalz und Zucker! Bananen, getrocknete Aprikosen, Zitrusfrüchte, Kartoffeln und Brunnenkresse enthalten besonders viel Kalium - aber auch Heilerde kann ein mögliches Defizit an diesem Mineralstoff ausgleichen. Handelt es sich um ein Ödem infolge eines Lymphstaus, ist eine Lymphdrainage sehr hilfreich. Viel Bewegung regt den Kreislauf an, trainiert die Venenpumpe und wirkt so Ödemen, insbesondere an den Beinen, entgegen. Nach langem Stehen und in der Schwangerschaft öfters die Füße hochlegen und folgendes Hautöl Richtung Herz einmassieren: In 100 ml Jojobaöl gibt man je 10 Tropfen Lavendel-, Zypressen- und Zitronenöl.

Entwässernder Tee (auch in der Schwangerschaft)
Zinnkraut, Brennessel, Johanniskraut, Weißdorn und Birkenblätter zu gleichen Teilen mischen. Einen Teelöffel dieser Mischung mit einer Tasse (150 ml) kochendem Wasser übergießen. Nach 10 Minuten abseihen und davon dreimal täglich eine Tasse trinken.

Schmerzen, allgemein

Dieses Warn- und Schutzsignal unseres Körpers weist uns darauf hin, daß wir uns verletzt haben oder ein Organ erkrankt ist. Unser Organismus möchte, daß diese Störung behoben wird, indem wir uns die nötige Ruhe und Pflege zukommen lassen, die zur Heilung notwendig ist. Das Symptom Schmerz ist eigentlich zu begrüßen, denn hätten wir keine Schmerzen, würden wir nicht auf unseren Körper achten und uns ständig, auch lebensgefährlich, verletzen. Durch Schmerzmittel wird der Schmerz nur unterdrückt, die Ursache jedoch nicht behoben. Besonders bei chronischen Schmerzen und Dauereinnahme der Medikamente kommt es durch die Nebenwirkung der Medikamente zur Verschleierung der Ursache. Der meist schon überforderte Organismus wird vergiftet und dadurch noch mehr geschädigt (z. B. bei Migräne). Mein Großvater sagte: »Heilerde zieht die Schmerzen heraus«. Sie lindert die Schmerzen bis zur Behebung der Ursache, reinigt den Körper und behebt durch Mineralstoffmangel bedingte Schmerzen.

Heilerde-Anwendungen

Siehe entsprechende Indikationen.

Was Sie zusätzlich tun können

Siehe entsprechende Indikationen.
Zur Schmerzlinderung und Kräftigung des ganzen Körpers versuchen Sie folgendes: Massieren Sie beide Ohren, indem Sie das Ohr zwischen Daumen und Zeigefinger nehmen. Nach mehreren Minuten wird Ihr Ohr ganz heiß sein und ein wohliges Gefühl Ihren ganzen Körper durchströmen.

Schmerzlindernde Heilkräuter

Innerlich: Schöllkraut, Kamille, Pfefferminze (krampflösend) u. a.
Ein Tee aus Johanniskraut und Schlüsselblumenblüten, zu gleichen Teilen gemischt, beruhigt und lindert Nervenschmerzen. 2 Teelöffel der Mischung werden mit 250 ml kochendem Wasser übergossen und nach 10 Minuten abgeseiht. Davon trinkt man dreimal täglich eine Tasse so warm als möglich.
Äußerlich: Johanniskrautöl (Nervenschmerzen, allgemein schmerzlindernd)

Schuppenflechte

Eine häufige und sehr hartnäckige Hautkrankheit ist die Schuppenflechte (Psoriasis). Die Betroffenen leiden sowohl seelisch als auch körperlich. Auf der Haut zeigen sich scharf begrenzte und entzündete Hautstellen, die zuweilen jucken und von silberweißen Schuppen bedeckt sind. Werden diese Schuppen entfernt, blutet die Haut darunter punktförmig. Bevorzugter Sitz dieser Herde ist an Ellenbogen, Knie, Kopf und der Kreuzbeingegend. Die Schuppenflechte kann sich aber auch über den ganzen Körper ausdehnen oder nur an den Nägeln auftreten. Verläuft die Krankheit schwer oder wird nicht behandelt, kommt es zum Befall der Gelenke mit Versteifung. Verschiedene Ursachen werden diskutiert wie Fehlernährung, Stoffwechselstörung, Allergie usw. Die Bereitschaft, psoriatisch zu reagieren, wird vererbt, doch müssen immer bestimmte Auslöser hinzukommen, um die schlummernde Krankheit zu wecken. Heilerde hilft, den Körper zu reinigen und den Stoffwechsel zu entlasten. Äußerlich angewendet, entfernt sie sanft die Schuppen, lindert den Juckreiz und beruhigt die Hautentzündung.

Heilerde-Anwendung

Ein Heilerdebrei wird mit Ringelblumen-Zinnkrauttee angerührt und direkt auf die befallenen Körperstellen aufgetragen. Nach der Trocknung die aufgeweichten Schuppen mit der Heilerde sanft entfernen und die Hautstellen mit Nachtkerzenöl bzw. Leinöl nachbehandeln. Der Heilerdebrei kann ein- bis zweimal täglich aufgetragen werden. Ist der Oberkörper befallen, empfiehlt sich ein Lehmhemd.
Zur Reinigung und Mineralisierung, morgens nüchtern und abends vor dem Schlafengehen ein Glas Heilerdewasser.
Bei großflächiger Schuppenflechte sowie zur Stoffwechselanregung und Entgiftung: Heilerdebäder nach Bedarf, zwei- bis dreimal wöchentlich. Die Haut mit den oben genannten Ölen pflegen.

Was Sie zusätzlich tun können

In erster Linie müssen die Auslöser gefunden und vermieden werden. Eine individuelle Diät und Therapie unterstützt die Heilung. Verschiedene Vitamine wie A, C, E und essentielle Fettsäuren (z. B. Nachtkerzenöl) wirken sich sehr positiv auf die gereizte Haut aus und sollen vermehrt mit der Nahrung zugeführt werden. Achtung:

Ein Zinkmangel führt zu ekzemartigen Hautentzündungen sowie vermehrter Hautverhornung! Es ist unbedingt notwendig, den Körper zu entgiften und den Stoffwechsel anzuregen. Bei manchen Psoriatikern verbessern sich die Hauterscheinungen in Verbindung mit Sonne und Salzwasser. Ein Urlaubsaufenthalt am Meer ist deshalb sehr zu empfehlen.

Heilkräutertee bei Psoriasis

Löwenzahn 30 g, Schöllkraut 25 g, Brennessel 25 g, Salbei 25 g und Klettenwurzel 20 g. 2 Teelöffel dieser Mischung mit 250 ml Wasser übergießen, nach 10 Minuten abseihen und ungesüßt trinken. Dreimal täglich eine Tasse.

Schwangerschaft und Stillzeit

Auch in der Schwangerschaft und Stillzeit kann Heilerde unbesorgt eingenommen werden. Benötigte Mineralien und Spurenelemente können vom Körper aufgenommen und anfallende Stoffwechselabbauprodukte gebunden und ausgeschieden werden. Die damit verbundenen typischen Erkrankungen wie Schwangerschaftserbrechen, Sodbrennen und Mineralstoffmangel können vermieden und behoben werden.
Heilerde ist völlig unschädlich, doch sollte sie immer in Maßen eingenommen werden! Zum Wohle von Mutter und Kind sind regelmäßige Untersuchungen in dieser Zeit (Vorsorgeuntersuchungen) anzuraten. Außerdem kann man sich von einem Heilpraktiker über vorbeugende naturheilkundliche Maßnahmen (Eugenische Kur etc.) beraten lassen.
Zur Reinigung des Körper und zum Ausgleich des erhöhten Bedarfs an Mineralien am besten täglich Heilerde einnehmen, und zwar morgens nüchtern und abends vor dem Schlafengehen je ein Teelöffel.

Auf der ganzen Welt wird das »Erdessen« der Frauen vor, während und nach der Schwangerschaft praktiziert.

Vor der Schwangerschaft, um den Körper zu reinigen, die Fruchtbarkeit zu fördern und Fehlgeburten zu vermeiden.

Während der Schwangerschaft gegen Übelkeit, Sodbrennen und zur Deckung des erhöhten Bedarfs an Mineralien.

Nach der Schwangerschaft zur Blutstillung, Desinfektion sowie Steigerung der Milchbildung.

In Verbindung mit bestimmten Pflanzen können das Lebensgefühl und die Vitalität während der Schwangerschaft enorm verbessert werden.

Schwangerschaftstee

Melissenblätter, Frauenmantel, Johanniskraut, Schafgarbenkraut und Zinnkraut je 10 g sowie Brennesselkraut 20 g und Himbeerblätter 30 g. Ein Teelöffel dieser Mischung mit 150 ml kochendem Wasser übergießen. Nach ca. 10 Minuten abseihen und davon dreimal täglich eine Tasse trinken.

Schweißbildung, übermäßige

Die Produktion von Schweiß ist Bestandteil der Wärmeregulation des Körpers. Durch sie erfährt der Körper die notwendige Kühlung in Zeiten großer körperlicher Anstrengung. Schweißdrüsen befinden sich am ganzen Körper. Kommt es zu einer verstärkten Bildung von Schweiß an bestimmten Körperstellen, ist dies ein Hinweis auf ein schwaches Nervensystem bzw. Streß und Anspannung, die Mobilisation des Immunsystems, Ausscheidungsstörungen, hormonelles Ungleichgewicht u. a. Durch Heilerde werden die natürlichen Vorgänge unterstützt und nicht blockiert. Heilerde, äußerlich aufgetragen, saugt Schweiß auf, verstopft aber nicht die Poren. Die Bildung von Bakterien wird gehemmt, wodurch der mit Schweiß verbundene unangenehme Geruch natürlich verhindert wird. Ausscheidungsfunktionen werden nicht unterdrückt, sondern durch die Einnahme von Heilerde zusätzlich gefördert, und ein Verlust an Mineralien wird ausgeglichen.

Heilerde-Anwendungen

Schwitzige Hände, Füße und Achselhöhlen reinigen, trocknen und mit Heilerde einpudern. An heißen Tagen kann der ganze Körper dünn mit Heilerde eingepudert werden.
Täglich ein Hand- bzw. Fußbad über mehrere Wochen reguliert den ganzen Organismus und hilft bei Hand- und Fußschweiß. Die Wirkung dieser Teilbäder kann durch die Zugabe von Walnußblätter- oder Eichenrindenabsud verstärkt werden.

Was Sie zusätzlich tun können

Grundsätzlich gilt: Die Ursache behandeln! Die Ernährung sollte auf eine leichte, gemüsereiche Kost umgestellt werden. Außerdem ist es besonders bei Achselschweiß nötig, die Ausscheidung über die Nieren anzuregen. Bei Fußschweiß auf die Psyche achten und gegebenenfalls mit Bachblüten o. a. stabilisieren. Um die Wärmezirkulation des Körpers nicht zu stören, sind Schuhe aus Leder und Kleidung aus Naturmaterialien wie Baumwolle am sinnvollsten. Der Verlust an Flüssigkeit muß durch Trinken ausgeglichen werden. Es genügt aber nicht, nur viel zu trinken, da dadurch die noch vorhandenen Salzbestände weiter verdünnt werden. Dem Organismus muß man mit der Flüssigkeit Salz und Mineralstoffe (Heilerde) zuführen!

Heilkräuter

Walnußblätter- und Eichenrindenabsud: 2 Eßlöffel werden mit einem Liter Wasser 10 bzw. 20 Minuten geköchelt, abgeseiht und kalt dem Teilbad zugesetzt.

Regulierender Tee bei übermäßiger Schweißbildung:
Salbeiblätter 50 g, Zinnkraut 25g und Johanniskraut 25 g. Ein Teelöffel der Mischung mit 150 ml kochendem Wasser übergießen, nach 10 Minuten abseihen und kalt trinken. Zweimal täglich eine Tasse.

❂ Sodbrennen ❂

Dieses Übel wird schon in alten medizinischen Ratgebern erwähnt. Damals wurde Sodbrennen in Zusammenhang mit übermäßigem und fettem Essen, das die Magensäure nach oben drückt, in Zusammenhang gebracht bzw. einem Überschuß an Magensäure zugeschrieben. Heute weiß man, daß auch ein Mangel an Magensäure in Zusammenhang mit Ernährungsfehlern sowie verschiedene Magenerkrankungen und funktionelle Störungen das Brennen in der Magengegend und Speiseröhre hervorrufen können. Die Produktion von Salzsäure hängt von vegetativen Nerven ab, die für die unwillkürliche Steuerung vieler Organe zuständig sind. So können auch psychische Belastungen und der bloße Gedanke an Essen die Produktion von Magensäure anregen und Sodbrennen hervorrufen. Heilerde hat die Fähigkeit, sowohl Basen als auch Säuren zu binden. Dies führt zu einer Normalisierung des Magenmilieus bei Über- und Untersäuerung. Der natürlich vorhandene und für die Verdauung notwendige pH-Wert wird erhalten bzw. wiederhergestellt und die Magenschleimhaut geschützt. Äußerlich beruhigt und stärkt sie den empfindlichen Magen und regt die Verdauung an.

Heilerde-Anwendungen

Morgens nüchtern und abends vor dem Schlafengehen einen Teelöffel Heilerde mit viel Wasser oder Tee einnehmen. Die Einnahme kann auch in Verbindung mit einer Heilerde-Rollkur durchgeführt werden. Bei starkem Sodbrennen, z. B. während der Schwanger-

schaft, zusätzlich 1-2 Gläser Heilerdewasser über den Tag verteilt schluckweise trinken oder mehrmals kleine Portionen Heilerde einnehmen.
Ein- bis zweimal täglich einen Leibwickel bzw. Magenauflage mit Heilerdewasser.

Was Sie zusätzlich tun können

Medikamente, die Säure binden, sind ungeeignet für einen säurearmen Magen und dürfen nie eigenmächtig genommen werden. Momentan wird die Magensäure gebunden, doch im Anschluß vermehrt gebildet. Naturheilkundliche Möglichkeiten wie Ernährungsumstellung, Heilkräuter etc. sollten aus diesem Grunde bevorzugt angewendet werden.
Meiden Sie in erster Linie säurebildende und blähende Speisen wie Hülsenfrüchte, Kohl, Süßigkeiten, Weißmehlprodukte, fettes Essen, verzichten Sie auf Kaffee, Schwarztee, Alkohol und das Rauchen. Essen Sie kleine Portionen ruhig und langsam! Zwischen den Mahlzeiten können Sie hier und da einen frischen Apfel essen. Legen Sie sich nach dem Essen nicht hin, da der saure Speisebrei leicht in die Speiseröhre zurückfließen kann. Deshalb auch ein spätes Abendessen vermeiden.

Heilkräuter bei Sodbrennen

Zur Anregung der Verdauung und Stärkung des Magens: Wermuttee. Zweimal täglich eine Tasse lauwarm trinken. Dazu wird ein Teelöffel Wermutkraut mit 150 ml kochendem Wasser übergossen und nach 10 Minuten abgeseiht. Kurweise über mehrere Wochen.
Bei Streß und psychischen Belastungen: Johanniskrauttee. Dreimal täglich eine Tasse lauwarm trinken. Zubereitung wie Wermuttee. Morgens nüchtern einen Eßlöffel Johanniskrautöl einnehmen.
Wacholderbeerenkur gegen Sodbrennen nach S. Kneipp: Man kaue am 1. Tag 5 getrocknete Wacholderbeeren und steigere die Zahl der

Beeren bis 15. Täglich eine mehr. Dann verringert man die Zahl der Beeren um täglich eine und hört mit 5 Beeren wieder auf.

❂ Sonnenbrand ❂

Durch eine übermäßige und intensive UV-Strahlung kommt es zu einer Entzündung der Haut. Sie ist hochrot, spannt und schmerzt. Die Blasenbildung und das Abschälen der Haut entspricht einer Verbrennung 2. Grades. Mit der Zahl der Sonnenbrände wächst das Risiko, später an Hautkrebs zu erkranken, da die Hautzellen nachhaltig verändert und zerstört werden. Die Neigung zum Sonnenbrand ist abhängig von der Pigmentierung der Haut, wobei hellhäutige und nicht an die Sonne gewöhnte Menschen leichter einen Sonnenbrand bekommen als dunkelhäutige. Bei Sonnenbrand eignet sich Heilerde in Verbindung mit Wasser hervorragend, da diese Kombination intensiv und lange kühlt. Der Sonnenbrand wird abgeschwächt und die Regeneration der Haut beschleunigt.

Heilerde-Anwendungen

Bei Sonnenbrand im Gesicht eine Heilerde-Gesichtsmaske mit kaltem Wasser oder Labkrauttee anrühren. Der Labkrauttee wird mit 250 ml kochendem Wasser und 2 Teelöffel Labkraut zubereitet und abgekühlt. Die Maske darf auf keinen Fall trocken werden! Um dies zu verhindern, das Gesicht mit einem feuchten Küchentuch abdecken.

Bei einem großflächigen Sonnenbrand am Oberkörper empfiehlt sich ein Lehmhemd (ohne Wolldecke!) über mehrere Stunden. Es sollte regelmäßig erneuert werden, um nicht an Wirkung zu verlieren. Das Heilerdewasser kann ebenfalls mit Labkrauttee angerührt werden.

Zur Mineralisierung zweimal täglich einen Teelöffel Heilerde mit viel Wasser einnehmen.

Was Sie zusätzlich tun können

Zur Vorbeugung eines Sonnenbrandes: Auch im Schatten wird man braun! Verwenden Sie auch dort grundsätzlich Sonnencremes mit einem hohen Lichtschutzfaktor (ab 12). Das Sonnenschutzmittel muß 30 Minuten vor einem Sonnenbad aufgetragen und während des Tages öfter erneuert werden. Sollten Sie dennoch zu viel Sonne getankt haben, helfen die Heilerde-Anwendungen rasch. Danach bzw. drei- bis viermal täglich auf die Haut Feuchtigkeit spendendes Aloe-vera-Gel auftragen. Zusätzlich morgens und abends 1000 mg natürliches Vitamin C (Acerola Taler) einnehmen, bis die Hautentzündung abgeheilt ist.

❂ Sportverletzungen ❂

Nicht nur ein Leistungssportler bekommt die Nebenwirkungen des Sports zu spüren. Besonders der Ungeübte ist anfällig für Verletzungen wie Blutergüsse, Prellungen, Verrenkungen, Verstauchungen, Quetschungen, Muskelverspannungen, Zerrungen und Schlimmeres wie Knochenbrüche, Bänderrisse etc. Sport ist wichtig und gesund – in Maßen und mit Kenntnis der eigenen Grenzen. Sollte es dennoch zu einer Verletzung kommen, führen Heilerde-Auflagen und Wickel am Ort des Geschehens zu einer Mehrdurchblutung, wodurch anfallende Stoffwechselprodukte abtransportiert und das Gewebe vermehrt mit Sauerstoff versorgt werden. Dadurch werden Schmerzen gelindert und der Heilungsprozeß gefördert.

Heilerdeanwendungen

Kalte Auflagen oder Wickel nehmen den Schmerz und die Schwellung. Sie müssen erneuert werden, sobald sie warm geworden sind.
Bei einer Zerrung oder Muskelverspannung helfen mehrmals täglich warme Heilerde-Auflagen auf die betroffene Stelle.

Das Heilerdewasser/Brei kann mit Arnikatee bzw. einem Teelöffel Arnikatinktur auf 250 ml kaltes Wasser angerührt werden.

Was Sie zusätzlich tun können

Ein Arzt muß klären, um was für eine Art von Verletzung es sich handelt. Wenden Sie trotzdem Heilerde sofort an, denn mit ihr können Sie nichts falsch machen. Bei einer Verrenkung oder Verstauchung lagern Sie das verletzte Gelenk hoch und stellen Sie es ruhig.

Unterschenkelgeschwür

Aufgrund einer chronisch venösen oder arteriellen Durchblutungsstörung kann es im Unterschenkel- und Knöchelbereich zu Hautveränderungen und Entzündungen kommen. Im Laufe der Zeit entstehen tiefe Wunden, die sich bis auf den Knochen »durchfressen« können. Viele Faktoren sind beteiligt. Einseitige und nährstoffarme Ernährung, funktionelle Störungen der Organe, Stoffwechselerkrankungen (Diabetes mellitus) sowie mangelhafte Bewegung über Jahre hinweg fördern und unterstützen dieses »Symptom«. Das »offene Bein« stellt ein Ventil des Körpers dar. Es ist deshalb falsch, es von außen schließen zu wollen, ohne das innere Milieu in Ordnung gebracht zu haben. Innere und äußere Anwendungen ergänzen sich. Heilerde reinigt und reguliert den Organismus und die Wunde heilt ab.

Heilerde-Anwendungen

Zur Stärkung des Bindegewebes und zum Abbau der Stoffwechselgifte: Morgens nüchtern, mittags und abends vor dem Schlafengehen ein Glas Heilerdewasser trinken.
Lauwarme Heilerde-Auflagen und -Wickel reinigen die Wunde und fördern die Bildung von Haut. Für die Anwendung beim »offenen Bein« am Anfang am bestem grobkörnige Heilerde verwenden. Sie

darf nur mit Wasser oder Tee, keinesfalls mit Öl angerührt werden. Die Anwendungen können dreimal täglich durchgeführt werden.
Ein stark nässendes Unterschenkelgeschwür kann vor dem Verbinden mit Heilerde eingepudert werden. Sonst grundsätzlich feuchte Anwendungen, denn die Wundsekrete müssen abfließen können! Erst dann trocknet und heilt das Geschwür.
Vor dem Schlafengehen können Sie eine warme Heilerde-Auflage auf die Leber legen. Auch ein Rumpfwickel unterstützt die Organfunktionen, fördert die Entgiftung und wirkt Durchblutungsstörungen entgegen.

Was Sie zusätzlich tun können

Die Leber und die Ausscheidungsfunktionen, insbesondere die der Niere, müssen angeregt werden. Nur so ist der Körper in der Lage, Abfallstoffe zu beseitigen. Um den Organismus zu entlasten, ist eine Umstellung der Ernährung notwendig. Der Salz- und Fleischkonsum muß auf ein Minimum reduziert werden. Schweinefleisch, Wurst, Zucker, Weißmehl und Konserven sollten ganz gemieden werden. Eine Bioresonanztherapie, kombiniert mit Homöopathie, reguliert und unterstützt den Heilungsprozeß auf feinstofflicher Ebene.

Heilkräuter bei Geschwüren

☆ **Tee für die äußere Anwendung**

Kamille 20 g, Johanniskraut 20 g, Zinnkraut 30 g und Ringelblume 30 g. Ein Eßlöffel dieser Mischung wird mit 250 ml kochendem Wasser übergossen. Nach 10 Minuten seiht man ab und trinkt diesen Tee lauwarm, dreimal täglich.

☆ **Tee für die innere Anwendung**

Zinnkraut, Himbeerblätter und Löwenzahn werden zu gleichen Teilen gemischt. Ein Eßlöffel davon wird mit 250 ml kochendem Wasser übergossen und nach 10 Minuten abgeseiht. Dreimal täglich eine Tasse trinken.

❂ Venenentzündung ❂

Oberflächliche Entzündungen der Venen entwickeln sich meist infolge von Krampfadern im Bereich des Unterschenkels. Es entstehen lokale Entzündungszeichen und keine Ödeme. Bei einer tiefen Venenentzündung, entstanden durch eine Blutpfropfbildung in den tiefen Beinvenen, kommt es zur Schwellung der Beine mit blauroten Verfärbungen, verbunden mit Schmerzen, Spannungsgefühl und Wadenkrämpfen. Wegen einer Emboliegefahr ist unbedingt ein Arzt hinzuzuziehen. Bei oberflächlicher Venenentzündung helfen kalte Heilerde-Anwendungen, die Schmerzen zu lindern. Die Entzündung wird beruhigt und klingt ab.

Heilerde-Anwendungen

Bei oberflächlichen Venenentzündungen vorerst nur Heilerde (eine Woche lang, zweimal täglich 1 Teelöffel) einnehmen, um eine Verstärkung der Symptome zu vermeiden. Weitere Anwendungen siehe »Krampfadern«.

Auch bei tiefen Venenentzündungen kann Heilerde angewendet werden. Dies sollte jedoch in Absprache mit einem naturheilkundigen Arzt erfolgen.

Was Sie zusätzlich tun können

Möglichst viel trinken und einige Rohkosttage einlegen. Rohes Obst und Gemüse sowie frischer Knoblauch reinigen und verdünnen das Blut. Lagern Sie die Beine in der Nacht hoch, und ziehen Sie morgens, noch im Bett liegend, eine Stützstrumpfhose an. Vermeiden Sie Beinmassagen! Das Rauchen muß aufgegeben werden! Frauen, welche die Pille nehmen, müssen auf andere Empfängnisverhütungsmethoden umsteigen.

Venentee

Steinklee, Weißdorn und Weidenrinde zu gleichen Teilen mischen. 2 Teelöffel dieser Mischung mit 250 ml kochendem Wasser übergießen und nach 15 Minuten abseihen. Davon dreimal täglich eine Tasse trinken.

❂ Verbrennung und Verbrühung ❂

Bei einer Verbrennung und Verbrühung kommt es infolge der Hitzeeinwirkung zu einer Schädigung des Gewebes. Die Haut wird rot, schmerzt, schwillt an (1. Grad) und kann Blasen bilden (2. Grad). Bei einer Verbrennung 3. Grades sind Hautschichten und -nerven zerstört. Die Haut ist verkohlt, und es kommt durch den hohen Flüssigkeitsverlust und der Gewebeschädigung zu schweren Funktionsstörungen bis hin zum Schock.
Schwere Verbrennungen gehören in sofortige ärztliche Behandlung! Bei Verbrennungen 1. und 2. Grades Heilerde unverzüglich anwenden! Sie kühlt und verhindert das Tieferdringen der Entzündung, die Blasenbildung sowie eine Infektion. Heilerde reinigt die Wunde, indem sie zerstörte Hautzellen und Verunreinigungen aufnimmt und bindet. Die Zellerneuerung wird angeregt, wodurch es zur schnellen Bildung von neuem Gewebe kommt.

Heilerde-Anwendungen

Sofortige Kaltwasserbehandlung ca. 15 Minuten, danach Heilerdeauflagen oder -wickel. In kurzen Zeitabständen sowie vor der Trocknung (!) und wenn die Kühlung nachläßt, die Anwendungen wiederholen. Zwischendurch mit kaltem Wasser abbrausen. Bei Verbrennungen der Extremitäten: ein kaltes Hand- und Fußbad mit Heilerdewasser. Bei großflächigen und schweren Körperverbrennungen hilft sofort ein kühles Bad in Heilerdewasser oder -paste. Zum Ausgleich des Mineralienverlustes 1-3 Gläser Heilerdewasser über den Tag verteilt trinken.

Was Sie zusätzlich tun können

Verwenden Sie keine Salben! Die Verbrennung kann dadurch nachwirken und noch tiefer in das Gewebe dringen. Die Aufnahme von Antioxidantien (Radikalfänger) wie Vitamin C und E ist zu empfehlen, ebenso Zink, das die Wundheilung anregt.

Homöopathie

Belladonna, Aconitum, Apis mellifica und Ferrum phosphoricum sind in dem Komplexmittel Aconitum Pentarkan (DHU) enthalten. Davon drei- bis fünfmal täglich 1-2 Tabletten. Aber auch Cantharis und Urtica urens sind bei Verbrennungen hilfreich.

Heilkräuter

Zum Anrühren des Heilerdebreis kann kalter Johanniskrauttee verwendet werden.

Verstopfung

Ein großes Übel für die Betroffenen ist die Verstopfung. Überwiegend alte Leute, Kinder und Frauen leiden darunter und sehen sich oft gezwungen, der Verdauung mit Abführmitteln auf die Sprünge zu helfen. Gerade das verschlimmert das Problem, schädigt Darmschleimhaut und Körper und führt in die Abhängigkeit, denn die Ursache für die Verstopfung bleibt unberücksichtigt. Der häufigste Grund für die Verstopfung ist unsere heutige Lebensweise mit schnellem, ballaststoffarmen Essen (Fast Food), ungenügender Flüssigkeitszufuhr, Bewegungsmangel, Streß und psychischen Belastungen. Aber auch funktionelle Störungen verschiedener Organe (Bauchspeicheldrüse,

Schilddrüse u. a.), bestimmte Medikamente oder eine Schwangerschaft können eine Verstopfung in Verbindung mit Bauchkrämpfen, Blähungen, Völlegefühl, Übelkeit und Kopfschmerzen auslösen. Durch die Einnahme der Heilerde wird das Darmmilieu normalisiert und die durch die Verstopfung angesammelten Gifte und Gase gebunden und ausgeschieden. Die »Teilchen« und Mineralien der Heilerde sorgen für den nötigen »Ballaststoff«, regen die Sekretion der Darmdrüsen und somit die Darmtätigkeit an. Leibwickel unterstützen die Regulierung von innen und lindern Blähungen und Krämpfe.

Heilerde-Anwendungen

Verwenden Sie die gröbere Heilerde! Die ersten 1-2 Wochen nur mildes Heilerdewasser zweimal täglich trinken. Danach Heilerde mit der doppelten Menge Wasser anrühren. Trinken Sie das Ganze über den Tag verteilt zwischen den Mahlzeiten. Vorher immer aufrühren! Zusätzlich einmal täglich (auch nach Bedarf) einen heißen Leibwickel mit Heilerdewasser, am besten nach dem Abendessen. Er regt die Verdauung und Entgiftung an, verhilft zu einer allgemeinen Beruhigung und einem guten Schlaf.
Wenn nötig, einen Einlauf mit lauwarmem Heilerdewasser vornehmen. Auf einen Liter Wasser kommen 2-3 Eßlöffel Heilerde.

Was Sie zusätzlich tun können

Den Grund für die Verstopfung herausfinden und behandeln. Die Ernährung sollte viele Ballaststoffe enthalten. Zur Anregung der Verdauung dreimal täglich eine halbe Stunde vor dem Essen 2 Eßlöffel geschroteten Leinsamen oder 1 Eßlöffel Indische Flohsamenschalen mit einem Glas lauwarmem Wasser oder verdauungsanregendem Tee trinken. Bei überwiegend sitzender Tätigkeit für einen entsprechenden Ausgleich mit Sport sorgen, denn: Wenn wir uns nicht bewegen, wird auch der Darm faul und schlaff!

Heilkräutertee zur Anregung der Verdauung

Wegwarte 30 g, Johanniskraut 20 g, Pfefferminze 20 g und Löwenzahn 30 g. 2 Teelöffel dieser Mischung mit 250 ml kaltem Wasser übergießen, zum Kochen bringen und abseihen. Ein- bis zweimal täglich den lauwarmen Tee mit Honig gesüßt trinken. Dauer der Teekur ca. 4-6 Wochen.

Windeldermatitis

Der Windelausschlag entsteht bei Babys an den Stellen, die von der Windel bedeckt sind, kann sich aber auch ausbreiten. Es kommt zur Entzündung der Haut, manchmal mit Papeln und Bläschen, die sich öffnen und nässen. Die Reizung der Haut entsteht durch aggressive Stühle, Seifenrückstände sowie Ammoniakbildung bei der Zersetzung des Urins u. a.. Durch die Windel wird ein Wärmestau verursacht, der die zusätzliche Infektion mit Pilzen und Bakterien begünstigt. Wäre das Abwehrsystem stark genug, würde es nicht zur Infektion kommen! Dies ist jedoch, meist durch das Zahnen der Kinder, stark beeinträchtigt. Heilerde reguliert das Darmmilieu und stärkt das Immunsystem. Sie lindert die Entzündung und nimmt den Stühlen ihre Aggressivität, indem sie die Sekrete bindet und neutralisiert.

Heilerde-Anwendungen

Am besten dem Baby ein Glas mildes Heilerdewasser über den Tag verteilt schluckweise zu trinken geben. Einmal täglich ein Sitzbad in Heilerdewasser. Es kann Stiefmütterchentee oder eine Abkochung aus Eichenrinde zugegeben werden, wodurch die Haut unempfindlicher wird. Nach jedem Stuhlgang die Haut nur mit Wasser reinigen, gut abtrocknen und mit Heilerde einpudern. Bei starker Entzündung sollte darüber zusätzlich eine Wundschutzsalbe aufgetragen werden.

Was Sie zusätzlich tun können

Die Windeln wechseln, sobald sie feucht sind! Das Abwehrsystem muß mit homöopathischen oder pflanzlichen Mitteln individuell gestärkt werden! Fragen Sie Ihren Naturheiltherapeuten.

Homöopathie

Bei Zahnungsdurchfällen haben sich Rheum D3 und Anisum D2, fünfmal täglich 3 Globuli, bewährt. Zur Beruhigung und für einen besseren Schlaf empfehle ich Chosmochema Fieberzäpfchen. Sie enthalten verschiedene, bei dieser Indikation wirksame homöopathische Mittel. Abends ein Zäpfchen in den After einführen.

Wunden

Jede Art von Wunde kann mit Heilerde behandelt werden. Tiefe und großflächige Wunden gehören selbstverständlich in die Hand eines Arztes. Kleine, oberflächliche Wunden können von Ihnen selbst versorgt werden.

Heilerde beschleunigt die Gerinnung des Blutes und wirkt deshalb blutstillend. Sie ist steril und kann direkt auf die Wunde gegeben werden. Erreger und Schutzpartikelchen werden von ihr aufgenommen, so daß eine Entzündung unterbunden und verhindert wird. Das Gewebe beruhigt und regeneriert sich. Die Heilung wird beschleunigt und die Bildung von unschönen Narben verhindert.

Heilerde-Anwendungen

Generell mehrmals täglich feuchte Heilerde-Pflaster, -Auflagen oder -Wickel. Bei offenen und eiternden Wunden kann zwischen Heilerde-Pflaster und Haut eine dünne Mullschicht gegeben werden. Nach der Trocknung wird vorsichtig mit lauwarmem Wasser abgeduscht, mit trockener Heilerde bestäubt und nur, wenn nötig, verbunden. Die

Heilerde kann mit Zinnkraut-, Ringelblumen oder Kamillentee, bei offenen Wunden jedoch nie mit Öl, angerührt werden.
Einmal täglich ein Glas Heilerdewasser zur Entgiftung und Zufuhr wundheilungsfördernder Mineralien, insbesondere Kieselsäure.

Was Sie zusätzlich tun können

Vermeiden sie das Reiben und Berühren der Wunde mit den Händen oder unsterilen Gegenständen. Stärken Sie Ihre Immunabwehr, z. B. durch ein Echinacea-Präparat, und nehmen Sie zusätzlich Vitamin C und Traumeel Tabletten ein. Durch das homöopathische Medikament Traumeel bekommt der Körper einen verstärkten Impuls zur Heilung.

Zahnfleischentzündung

Zahnfleischentzündungen werden nicht nur, wie allgemein bekannt, von Bakterien und falscher bzw. mangelhafter Mundhygiene hervorgerufen. Sie können auch das Zeichen einer Allergie oder eines Vitaminmangels, sowie die Folgeerscheinung von Magen- und Darmerkrankungen und hormonellen Schwankungen sein.
Die Spülungen mit Heilerde reinigen die Mundhöhle und beruhigen das entzündete Zahnfleisch. Durch die Einnahme der Heilerde werden die Schleimhäute des Verdauungstraktes aufgebaut, was sich auch auf die Mundhöhle auswirkt. Ein Mineralstoffmangel wird ausgeglichen. Heilerde kann auch die Zähne kräftigen und Zahnfleischblutungen vorbeugen.

Heilerde-Anwendungen

Morgens nüchtern und abends vor dem Schlafengehen ein Glas Heilerdewasser einnehmen.
Mehrmals täglich Mundspülungen und Gurgeln mit aufgeschwemm-

tem Heilerdewasser. Zwischendurch können die Zähne mit Heilerde geputzt und das Zahnfleisch mit Heilerde eingepudert werden.

Was Sie zusätzlich tun können

Die Ursache der Erkrankung muß behoben werden. Nur so kann ein Übergreifen der Entzündung auf den Zahnhalteapparat und somit ein Ausfallen der Zähne (Paradontitis / Parodontose) verhindert werden. Zähne und Zahnzwischenräume immer gründlich reinigen. Um Entzündungen zu vermeiden, muß die Mundhöhle nach der Anwendung von Zahnseide mit ätherischen Ölen, z. B. mit Salviathymol aus der Apotheke oder Myrrhe oder Nelke, desinfiziert werden. Dazu gibt man 10 Tropfen des ätherischen Öles auf ein Glas lauwarmes, mildes Heilerdewasser oder Wasser und spült damit den Mund. Verwenden Sie eine natürliche Zahnpasta mit ätherischen Ölen (z. B. Salviagalen aus der Apotheke).

Teemischung für Spülungen bei Zahnfleischentzündung

Kamille, Eichenrinde und Isländisch Moos werden zu gleichen Teilen gemischt. Ein Eßlöffel der Mischung mit 250 ml kochendem Wasser übergießen und nach 10 Minuten abseihen. Mit dem lauwarmen Tee mehrmals täglich den Mund spülen und gurgeln.

Weitere Anwendungen

❂ Für die Schönheit ❂

Heilerde ist das älteste Schönheitsmittel überhaupt. Sie wird auch heute noch auf der ganzen Welt zur Pflege, Reinigung und Verzierung der Haut verwendet. Heilerde sollte bei Schönheitsproblemen zusätzlich zur äußeren Anwendung auch eingenommen werden. Die Standarddosierung, 1-2 Teelöffel täglich, reguliert, entgiftet und entsäuert den Körper, was sich letztendlich auf die Haut, Haare und Nägel auswirkt.

Zusätze für die Gesichtsmaske

Ätherische Öle: im allgemeinen werden dem Heilerdebrei ca. 5 - 10 Tropfen beigegeben. Verschiedene Aromaöle, die z. B. Geraniol und Pinen enthalten, werden durch Heilerde verändert (Carlsohn). Ob sie dabei unwirksam werden, ist nicht bekannt.

Kräutertee: Mit dem lauwarmen Kräutertee (ein Teelöffel auf eine Tasse Wasser) wird der Heilerdebrei angerührt. Wasserlösliche Stoffe (Tees) können gut in Verbindung mit Heilerde verwendet werden.

Sonstige Zutaten: nach Angabe. Fett und in Fett lösliche Stoffe werden zum Teil von der Heilerde gebunden.

Kräutertee-Mischung: Wenn nicht anders angegeben, werden zwei Teelöffel der Mischung mit 250 ml kochendem Wasser übergossen. Nach 10 Minuten abseihen und schluckweise trinken. Dreimal täglich eine Tasse über einen Zeitraum von zwei Monaten trinken, dann einen Monat aussetzen und die Kur erneut beginnen. Dieselbe Teemischung nicht länger als ein halbes Jahr verwenden, da die gegenteilige Wirkung oder ein Gewöhnungseffekt eintreten kann.

Fettige und unreine Haut

Fettige und unreine Haut entsteht durch eine Fehlfunktion der Talgdrüsen. Die Ursache dafür kann sein: Falsche Ernährung, Streß, hormonelle Störungen, Unverträglichkeit der Hautpflegemittel, Stoffwechselstörung u. a. Eine Heilerdemaske ist ein- bis zweimal wöchentlich zu empfehlen.

Ätherische Öle: Zitrone, Zeder, Minze, Rosmarin, Salbei, Tea trea oder Lavendel
Kräutertee: Schafgarbe, Stiefmütterchen, Gänseblümchen, Kamille, Arnika und Salbei
Der Heilerdebrei kann auch mit einem Apfelessig-Wasser-Gemisch 1:1, Gurken- oder Zitronensaft angerührt werden. Zusätzlich kann ein Haut- und Blutreinigungstee dazu beitragen, das Hautbild zu verbessern.
Haut- und Blutreinigungstee: Himbeerblätter 25 g, Brennesselblätter 25 g, Johanniskraut 30 g, Schöllkraut 15 g, Erdrauch 20 g und Pfefferminze 15 g.

Empfindliche Haut

Empfindliche Haut neigt zu Hautirritationen wie Rötungen, Juckreiz, Brennen und Entzündungen. Falsche Pflegemittel können Auslöser und Ursache sein. Aber auch ein Mangel an einem Vitamin, Mineral oder Spurenelement, die Bauchspeicheldrüse, die Psyche u. a. kann dazu beitragen, daß die Haut so empfindlich reagiert. Die Heilerdemaske sollte nicht ganz eintrocknen und nur einmal pro Woche bzw. alle 10 Tage aufgelegt werden.

Ätherische Öle: Calendula, Geranie, Kamille
Kräutertee: Kamille, Melisse, Ringelblume, Johanniskraut, Lindenblüten
Dem Heilerdebrei können auch 1-2 Teelöffel Kamillenöl, Johanniskraut-Öl, Aloe-Vera-Gel, Honig oder Quark beigemischt werden. Vitamin E (1000 I.E.) einmal täglich, Nachtkerzen- oder Borretschsamenöl und folgender Tee, kurmäßig getrunken, helfen zusätzlich.
Kräutertee bei empfindlicher Haut:
Brombeerblätter 30 g, Schafgarbe 30 g, Johanniskraut 25 g und Ringelblume 20 g.

Trockene Haut

Der Hauttyp »Trockene Haut« ist meist angeboren. Auf die Verwendung der richtigen Pflegeprodukte ist zu achten. Zur Hautreinigung keine Seife, sondern Seifenersatz (Syndet) verwenden, um die Haut nicht unnötig zu reizen. Eine Heilerdemaske wirkt ausgleichend, sollte aber nur einmal pro Woche erfolgen und vor der vollständigen Trocknung abgenommen werden.

Ätherische Öle: Geranie, Lavendel, Kamille, Rose
Kräutertee: Kamille, Ringelblume
Trockene, fettarme Haut: Öle (Jojobaöl, Kamillenöl etc.), Ei, Honig
Trockene, feuchtigkeitsarme Haut: Aloe-Vera-Gel, Honig, Avocado, Karottensaft

Um die Haut von innen zu unterstützen, sollte die Zufuhr an Vitamin A, Vitamin E und Nachtkerzen- oder Borretschsamenöl durch entsprechende Präparate erhöht werden. Nachtkerzen- und Borretschsamenöl enthalten sehr viel Gamma-Linolensäure (ungesättigte Fettsäuren), welche für die Bildung der Prostaglandine, die wiederum viele Organfunktionen steuern, notwendig sind.

Unterstützender Kräutertee bei trockener Haut:
Kamille 15 g, Bennessel 25 g, Schafgarbe 20 g und Ringelblume 20 g.

Reife, alternde Haut

Das Altern der Haut schreitet stufenförmig voran. Durch bestimmte Faktoren kommt es zu einer beschleunigten Alterung, wie z. B. Fehlernährung, Rauchen, Alkohol, Schlafmangel, extremes Sonnenbaden u. a. Das Auftreten von Falten läßt sich mit einer gesunden Lebensweise herauszögern. Eine reichhaltige Heilerdemaske nährt, durchblutet und strafft die Gesichtshaut. Am besten einmal wöchentlich anwenden.

Ätherische Öle: Arnika, Rosmarin, Rose, Zypresse, Weihrauch, Ylang Ylang
Kräutertee: Lavendel, Rosmarin

Die Gesichtsmaske kann mit einem Eigelb, Honig, Quark, Aloe-vera-Gel, Kamillenöl, Johanniskrautöl, Jojobaöl, Maiskeimöl u. a. angerührt werden. Nach der Maske kann das Gesicht mit Hagebuttenkernöl eingerieben werden, da es zusätzlich regenerierend und faltenglättend wirkt. Als Radikalfänger hat sich die Einnahme von Vitamin C und Vitamin E jeweils 1000 i. E. pro Tag bewährt. Altersflecken sollen allein durch diese Mischung zum Verschwinden gebracht worden sein. Im Frühjahr und Herbst kann eine Trinkampullen-Kur mit GelÈe Royal und Blütenpollen (z. B. von Edel-Naturwaren) einen wahren Energieschub für Körper und Geist bewirken. Folgende Teemischung soll helfen, die Faltenbildung zu verlangsamen:

Kräutertee bei faltiger Haut: Löwenzahn 25 g, Brennessel 25 g, Orangenblüten 20 g, Schafgarbe 20 g, Brombeerblätter 20 g und Pfefferminze 20 g.

✪ Rote, erweiterte Äderchen (Couperose) ✪

Rote, erweiterte Äderchen treten häufig bei blasser und empfindlicher Haut auf und sind das Zeichen einer Durchblutungsstörung. Extreme Hitze und Kälte, Sauna, Gesichtsdampfbad, starke Sonne und Wind am besten meiden. Sie wirken gefäßerweiternd und durchblutungsfördernd. Dasselbe gilt für Tee, Kaffee, Schokolade und Alkohol.

Ätherische Öle: Zypresse, Ringelblume, Palmarosa, Lavendel, Rose, Neroli
Kräutertee: Petersilie, Kamille, Lavendel

Die Gesichtsmaske kann mit Quark, Honig u. a. angerührt werden. Um eine starke Durchblutung zu vermeiden, darf die Maske nicht antrocknen. Ein feuchtes Tuch, darüber gelegt, verhindert eine schnelle Trocknung. Zur Kräftigung der kapillaren Gefäße ist Vitamin C, Vitamin E und Kieselerde (Heilerde) zu empfehlen, das in Gemüse, Buchweizen, Hirse, Weizenkeimen, Zitrusfrüchte u. v. m. natürlich enthalten ist.

Kräutertee bei Couperose: Weißdorn 30 g, Rosmarin 10 g, Hibiscus 20 g, Malve 20 g, Kamille 20 g und Zinnkraut 20 g.

❂ Zahnpflege ❂

Heilerde, als Zahnpasta verwendet, nimmt zahnschädigende Stoffe und Bakterien auf. Zahnbelag und Zahnverfärbungen werden mild entfernt, ohne den Zahnschmelz anzugreifen. Dadurch werden Zahnfleischentzündungen und Mundgeruch verhindert. Heilerde ist die beste Zahnpasta für Babys erste Zähne! Sie kann außerdem geschluckt werden, ohne schädlich zu sein. Babys öffnen bereitwillig ihr Mündchen und geben dabei sogar regelrechte Schmatz- und Hmmm-Laute von sich. Diese Zahnpasta schmeckt ihnen!

❂ Haarpflege ❂

Heilerde ist ein natürliches Reinigungs- und Pflegemittel. Fett- und Schmutzpartikel werden wie von einem Löschblatt aufgesaugt und abgespült. Die Oberfläche von Haar und Kopfhaut wird nicht angegriffen, und die natürliche Schutzschicht bleibt erhalten. Das Haar wirkt fester und ist nach dem Trocknen seidenweich, glänzend und füllig. Auf Dauer muß man es nicht so häufig waschen, da die Heilerde reguliert, ohne zu stark zu entfetten. Die Durchblutung der Kopfhaut wird angeregt, aber nicht gereizt. Heilerde ist für jeden Haartyp geeignet.

Heilerdeshampoo – zur Reinigung und Pflege

Für die Haarwäsche stellt man einen sämig-flüssigen Brei her. Je nach Haarlänge braucht man 2-4 gestrichene Eßlöffel und 1-2 Tassen lauwarmes Wasser oder Kräutertee. Die Mischung wird über das nasse Haar verteilt und sanft einmassiert. Nach ca. 30-60 Minuten Einwirkungszeit mit lauwarmem Wasser gründlich ausspülen. Bei fettigem Haar ist eine zweite Haarwäsche nötig, sonst reicht eine.

Heilerdespülung - bei fettem Haar oder Schuppen

Es werden etwa 3 Eßlöffel Heilerde in einen Liter Wasser oder Tee gerührt. Dieses Heilerdewasser wird nach dem Waschen als letzter Spülgang über das nasse Haar geschüttet. Die Spülung kann nach ca. 10 Minuten wieder ausgewaschen werden, wirkt aber intensiver, wenn sie im Haar belassen wird.

Heilerdepackung – zur Pflege und bei Haar- oder Kopfhautproblemen

Mit Kräutertee wird ein streichfähiger Heilerdebrei angerührt. Dieser Heilerdebrei wird mit einem breiten Pinsel in das gescheitelte, nasse Haar gestrichen. Danach wickelt man ein Handtuch wie einen Turban um den Kopf und läßt das Ganze ca. eine Stunde einwirken. Nach dieser Zeit gründlich mit lauwarmem Wasser ausspülen und das Haar an der Luft trocknen.

Zusätze für Shampoo und Packung

☆ **Fette Haare**

Ätherische Öle: Lavendel, Zitrone, Salbei, Zypresse Zeder,
Sonstiges: Gurkensaft

☆ **Trockene Haare**

Ätherische Öle: Melisse, Geranie, Ylang Ylang
Sonstiges: ein paar Tropfen Ringelblumenöl
Schuppen: siehe ABC der Anwendungen »Kopfschuppen«.

❂ Heilerde-Fastenkur nach Heide Hahn ❂

Im Altertum richteten sich die Menschen nach der Lehre der Gesunderhaltung, denn die aktive Verantwortung für den eigenen Körper sowie die Pflege von Körper-Seele-Geist gehörten zu den Aufgaben eines jeden Menschen. Ziel war eine möglichst hochwertige

Lebens- und Gesundheitskultur. So war das regelmäßige Heilfasten zur Reinigung von Körper und Geist fest verankert. Berühmte Ärzte des Altertums empfahlen schon damals Heilerden zur Entgiftung des Körpers, bei Verdauungsstörungen und vielen anderen Erkrankungen.

Uns fehlen Vitalstoffe

Auch heutzutage gehören Fasten mit Heilerden und gezielte ernährungstherapeutische Maßnahmen zu den wissenschaftlich anerkannten Naturheilverfahren. Die »Renaissance« des Fastens und gezielter Ernährungstherapien basierte nicht auf dem Bedürfnis nach innerer Regeneration, sondern entwickelte sich in erster Linie aus der Erkenntnis heraus, daß zahlreiche Zivilisationserkrankungen eindeutig ernährungs- und lebensbedingt sind. Fehl- und Mangelernährung stehen heutzutage eindeutig für Überernährung. Dieses Überangebot an Nahrungsmitteln in unseren Wohlstandsländern existiert erst seit etwa 40 Jahren. Früher diente die Nahrungsaufnahme der Energie- und Nährstoffversorgung. Heutzutage ist die Nahrungsaufnahme in erster Linie durch Überfluß und Genußsucht geprägt. Zucker, Auszugsmehle und Fabrikfette dominieren unsere Zivilisationskost, Vitalstoffe und Faserstoffe (sogenannte Ballaststoffe) sind Mangelware. Um den aus diesen Ernährungsfehlern resultierenden Erkrankungen erfolgreich entgegenzuwirken, stellen das Heilerde-Fasten und eine anschließende, grundlegende Ernährungstherapie eine sinnvolle, unterstützende Maßnahme dar.
Natürlich ist Heilfasten kein Ersatz für die klinische Medizin. Niemand kann heute auf die Errungenschaften der verschiedenen medizinisch-wissenschaftlichen Forschungseinrichtungen verzichten. Bei der Prävention oder der Behandlung chronischer Erkrankungen kann das Fasten mit Heilerde allerdings bisher ungenützte Ressourcen aufschließen und die klinische Medizin wirksam unterstützen und ergänzen. Heilfasten mit Heilerde = Therapie, Prophylaxe und Rehabilitation!

Wie wirkt die Heilerde beim Fasten?

Durch das ausgeprägte Bindevermögen der Heilerde wird überschüssige Magensäure neutralisiert, Gallensäuren, Stoffwechselprodukte, Darmgifte und Bakterien werden gebunden und über den Darm ausgeschieden. Deshalb empfehle ich auch während der ganzen Fastenzeit den täglichen Einlauf mit Heilerde und das Trinken von in Wasser aufgelöster Heilerde.

Was ist Fasten?

☆ Fasten ist Leben aus körpereigenen Nahrungsdepots.
Fasten bedeutet, daß der Organismus durch innere Ernährung und Eigensteuerung weitgehend autark ist.

☆ Fasten ist eine Verhaltensweise von selbständigen Menschen, die sich frei entscheiden können.

☆ Fasten betrifft den ganzen Menschen, jede einzelne Körperzelle, seine Seele und seinen Geist.

☆ Fasten ist die beste Gelegenheit, in Form zu bleiben oder wieder in Form zu kommen. Außerdem hilft es jedem Menschen, seine Lebensweise, falls nötig, zu ändern.

Was Fasten nicht ist

☆ Fasten ist nicht Hungern.

☆ Fasten hat nichts zu tun mit Entbehrung und Mangel.

☆ Fasten bedeutet nicht »weniger essen«.

☆ Fasten meint nicht: Abstinenz von Fleisch am Freitag – das wäre nur Verzicht.

☆ Fasten hat nichts mit Religion zu tun.

Falls eine Erkrankung vorliegt, sollten Sie nur unter der Aufsicht eines Arztes oder eines Fastentherapeuten fasten. Fasten in der Gruppe, mit der Familie, mit Freunden oder Gleichgesinnten bringt eine Erleichterung.

Wo Fasten nicht angebracht ist

In der Schwangerschaft und bei folgenden Erkrankungen sollten Sie auf eine Fastenkur verzichten: Krebs, MS, Osteoporose, Morbus Alzheimer, Leberzirrhose, Schilddrüsenüberfunktion, Dialysepatienten, schwere Autoimmunerkrankungen, schwere psychische Erkrankungen, Zöliakie und Sprue, aktive progressive Tuberkulose.

Die Grundregeln des Fastens

☆ Nichts essen, nur trinken: Tee, Gemüsebrühe, Obst- oder Gemüsesafte, Wasser (ohne Kohlensäure), mehr als der Durst verlangt.

☆ Alles weglassen, was nicht lebensnotwendig ist. Alles was zur Gewohnheit geworden ist und dem Körper schadet: Nikotin, Alkohol, Süßigkeiten, Kaffee, Medikamente, soweit entbehrlich - auf jeden Fall keine Entwässerungstabletten, Appetitzügler und Abführmittel.

☆ Alle Ausscheidungsorgane unterstützen: Den Darm mit Heilerde-Einläufen (täglich), Glaubersalz, Sauerkrautsaft, Bauchmassage. Die Niere durch mindestens drei Liter Flüssigkeit pro Tag. Die Leber mit Heilerdewickeln (täglich). Die Lunge durch Bewegung, Atemübungen oder Sport. Die Haut durch Schwitzen, Trockenbürstungen und besonders liebevolle Pflege.

☆ Sich vom Alltag lösen: Heraus aus beruflichen und familiären Bindungen. Weg vom Terminkalender und dem Telefon. Verzicht auf Illustrierte, Radio, Fernsehen. Bewußt den eigenen Körper wahrnehmen und in sich gehen.

☆ Tun Sie das, was dem Körper guttut und wonach er verlangt: Schlafen, Wandern, Sport treiben, Schwimmen, Lesen, gute Musik hören, Meditieren, Tanzen, Malen, Töpfern etc.

Fasten- bzw. Reinigungskrisen

Es handelt sich um Ausscheidungskrisen, d. h. es gelangen größere Mengen an abgelagerten Giften aus Binde- und Fettgewebe in den Kreislauf. Sie treten meist bei längeren Kuren auf und vor allem bei

Menschen, die z. B. mit Medikamenten oder anderen Giften belastet sind.
Bei *Sodbrennen oder Blähungen:* Siehe ABC der Anwendungen.
Bei *Schlafstörungen:* Für warme Füße sorgen, Lavendel- oder Baldriantee.
Bei *depressiver Verstimmung:* Johanniskrauttee.
Gegen *Kreislaufbeschwerden:* Füße hochlagern, Kneippen, schwarzer Tee.
Bei *Muskelschwäche, Krämpfen, Kribbeln:* zwei- bis dreimal täglich einen Teelöffel Heilerde einnehmen, denn Heilerde enthält Kalium, Kalzium, Magnesium u. v. m. Zusätzlich Kneippen.
Bei *Hungergefühl:* Es tritt meist nur in den ersten beiden Tagen auf. 1-2 Teelöffel Heilerde in einem Glas auflösen und schluckweise trinken.
Bei *Kopfschmerzen:* Siehe ABC der Anwendungen. Trinkmenge kontrollieren! Der Urin muß hell sein. Heiße Heilerde-Kompresse in den Nacken und eine kalte auf die Stirn! Für warme Füße sorgen, mit einem ansteigenden Heilerde-Fußbad.
Bei *Mundgeruch:* Siehe ABC der Anwendungen. Mund öfters mit Heilerdewasser spülen, den Belag der Zunge mit einem kleinen Löffel abstreichen.
Auf keinen Fall die Kur abbrechen!
Ein weiteres Problem können Stimmungsschwankungen darstellen, d. h. natürlich nur, wenn Sie eines daraus machen. Es kommt parallel zur körperlichen Entgiftung, man kann fast sagen, zu einer psychischen Entgiftung. Melancholische Stimmungen können mit euphorischen wechseln. Die Träume werden anders.
Auch im sexuellen Bereich gibt es gewisse Schwankungen. Die Bedürfnisse können zeitweise verstärkt oder abgeschwächt sein - auch hier wird sich nach dem Heilfasten eine Harmonisierung einstellen.
Deutliche Veränderungen sind auch bei der Periode möglich. Einer-

seits kann sie früher und intensiver als erwartet einsetzen. Andererseits kann sie besonders lange auf sich warten lassen. Durch regelmäßige, jährliche Fastenkuren wird eine »schwierige Periode« langfristig oft harmonisiert und unter den strengen, zyklischen Charakter der Mondgöttin mit ihren 28 Tagen zurückkehren. Die erhöhte Fruchtbarkeit nach Fastenkuren wäre noch erwähnenswert.
Viele Menschen mit Übergewicht beklagen sich darüber, daß sie nach dem Fasten schnell wieder ihr Ausgangsgewicht erreicht haben bzw. sogar mehr an Gewicht auf die Waage bringen als vorher: Hier hat der sogenannte Jo-Jo-Effekt zugeschlagen. Der Körper hat zwar gelernt zu sparen, nicht aber der Besitzer des Körpers. Eine Ernährungsumstellung ist unumgänglich. Haben Sie Geduld, und gehen Sie in kleinen Schritten in die neue Lebensphase. Wer seine Lebensaufgabe gefunden hat, wer sich in der richtigen Weise liebt und anerkennt, wird auch die Kraft entwickeln, schlechte Eßgewohnheiten abzulegen.
Sollten Sie sich für eine Heilfastenkur entscheiden, so bleiben Sie konsequent, genießen Sie die Fähigkeit, Verzicht und Disziplin zu üben; so könnten diese Tage für Sie die erfolgreichsten im Jahr sein.
Heide Maria Hahn, geboren 1961 in Radmer/Steiermark, ist Ernährungs- und Gesundheitsberaterin mit eigener Praxis in Graz.

✪ Heilerde für Tiere ✪

In der Zeitschrift GEO 02/92 wurde über das Verhalten der Tiere bei Verletzungen folgender Bericht mit dem Titel »Tiere kurieren sich selbst« veröffentlicht:
»Während A. S. Parihar, Direktor des indischen Kanha-Nationalparks, aus sicherem Versteck zwei Tiger bei der Paarung beobachtet, entdeckt er plötzlich an einem der Tiere eine Verletzung oberhalb der linken Schulter - möglicherweise Folge des ungestümen Liebes-

spiels. Nach dem Akt kratzt sich die lädierte Großkatze mit der linken Hinterpfote an der Wunde, die sich noch verschlimmert. Daraufhin trabt das Tier zum nächsten Wasserloch, nimmt nacheinander Boden und Wasser ins Maul, kaut die Mischung durch und spuckt sie zu Boden. Schließlich wälzt es sich so darin, daß die Paste die Wunde abdeckt. Diese Beobachtung ist nicht der einzige Fall von Selbsttherapie im Tierreich. Viele Arten pflegen ihre Wunden - und wenden dabei Behandlungen an, die einem instinktiv medizinischen Wissen zu entspringen scheinen. Lehm beispielsweise kann Schad-, Gift- und also auch therapeutische Wirkstoffe aufnehmen. Deshalb wird er von Menschen seit alters als innerlich und äußerlich anzuwendendes Naturheilmittel (»Heilerde«) geschätzt ...«

Heilerde liefert Mineralien und beugt Krankheiten vor

Unsere Haus- und Hoftiere sind dem natürlichen Lebensraum entfremdet und haben leider oft nicht mehr dieses instinktive Gespür und die Möglichkeiten, sich selbst zu helfen. Die Gesundheit des Tieres liegt deshalb in der Hand des Menschen. Heilerde entfaltet als natürliches Mittel seine Kräfte und Wirkungen auch beim Tier. Zur Vorbeugung von Erkrankungen und zur Deckung des Mineralienbedarfs gilt für Tiere folgende Dosierung:

Katzen und kleine Hunde eine Messerspitze; mittlere Hunde, ein gestrichener Teelöffel; große Hunde ein Teelöffel; Großtiere wie Pferde und Kühe ein gestrichener Eßlöffel ins Trinkwasser oder Fressen mischen. Bei akuten Erkrankungen wird die Dosierung verdoppelt!

Äußerlich wird sie wie beim Menschen angewendet. Die Auflagen und Umschläge müssen jedoch besonders stabil befestigt werden, und das Tier sollte sich während der Behandlung möglichst ruhig verhalten. Dies ist nicht immer leicht, doch mit etwas Übung und Einfühlungsvermögen gelingt es sicherlich. In einigen Ländern werden schwerkranke Tiere am ganzen Körper mit einem Gemisch aus

Heilerde und Essig beschmiert oder dazu gebracht, sich in Schlamm zu baden.
Heilerde, in das Fell gerieben, schützt und reinigt. Katzen, die ständig ihr Fell lecken, nehmen so auch Heilerde auf. Ein mit Heilerde gefülltes Kissen wird von Haustieren gerne als Schlafplatz benützt.

Heilerde für Pflanzen

Pflanzen, ob im Zimmer oder Garten, sind auf eine »gute Erde« angewiesen. Aus ihr gewinnen sie die lebensnotwendigen Nährstoffe. Ist die Erde leer, reichen auch Wasser und Sonne nicht aus, sie am Leben zu erhalten. Die Pflanze geht ein.
Mit etwas Heilerde im Gießwasser wird das Wasser weicher, und die Pflanzen erhalten die zum Gedeihen notwendigen Mineralien und Spurenelemente. Schädigende Stoffe aus dem Leitungswasser und der Erde werden gebunden und das Säure-/Basenverhältnis wird ausgeglichen. Die Pflanzen wachsen kräftig und sind gegen Krankheiten und Schädlinge widerstandsfähiger.
Um ein Heilerde-Gießwasser zu bereiten, verrühren Sie einen Teelöffel Heilerde mit 2 Litern Wasser .

Schnittblumen

In eine kleine Vase gibt man eine Messerspitze Heilerde. Ohne den Heilerdezusatz werden das Wasser und die Blumenstiele nach 2 Tagen faulig. Mit Heilerde dauert dieser Prozeß mindestens doppelt so lange, und die Schnittblumen bleiben länger frisch.

Umtopfen

Für einen kleinen Blumentopf vermischt man 1-2 Teelöffel Heilerde mit der dafür benötigten Blumenerde. Heilerde verhindert Moos- und Schimmelbildung.

Stecklinge

Stecklinge werden in einen Heilerdebrei getaucht und sofort eingepflanzt.

Bäume

Die Stelle eines abgebrochenen oder abgeschnittenen Astes kann man mit einem Heilerde-Pflaster »verarzten«. Ein dicker Heilerdebrei wird aufgestrichen und mit einem Baumwollstoff bis zur Heilung fixiert.

Kompost

Heilerde (auch gebrauchte) kann dem Kompost beigegeben werden. Sie dient als Katalysator und fördert die Bildung von Humus und Kohlenstoff.

Dünger

Heilerde verbessert die Qualität des Bodens und ersetzt deshalb einen chemischen Dünger. Ein zu saurer Boden kann durch sie neutralisiert werden.

Anhang

Allgemeine Hinweise

Bis heute wurde noch nie von einer Schädigung durch Heilerde berichtet. Das setzt einen vernünftigen und sachgemäßen Gebrauch voraus. Nicht zu vergessen: Vor der Therapie muß immer die richtige Diagnose gestellt werden. Die Krankheitsursache muß gefunden und behandelt werden! Nur so kann mit einer erfolgreichen Therapie gerechnet werden. Vor der Eigendiagnose sei gewarnt. Weiß man, woran man ist, sollte man jeder Krankheit und sich selbst die Chance geben, mit natürlichen Mitteln aus eigener Kraft zu heilen bzw. gesund zu werden.

Beachten Sie bitte:

1. Die Heilerdebehandlung läßt sich gut mit anderen Naturheilverfahren verbinden, doch sollte zwischen der Einnahme von Medikamenten (chemische, pflanzliche oder homöopathische) und Heilerdeapplikationen ca. 1-2 Stunden Zeit liegen. Die Wirkung der Medikamente kann durch die Heilerde aufgehoben werden.
2. Bei Bluthochdruck, Verstopfung und Neigung zu Darmverschluß muß Heilerde vorsichtig eingenommen werden (Erstverschlimmerung). Heilerde ist aber so wirksam, daß auch wenig genügt (1/2-1 Teelöffel täglich)!
3. Durch die Einnahme der Heilerde kommt es zu einer vermehrten Ausscheidung von Stoffwechselprodukten und nicht verwertbaren Mineralien wie z. B. Eisen (3+). Dadurch kann sich der Stuhl verfärben, was ganz normal ist.
4. Da Heilerde nicht nur am Ort des Geschehens wirkt, kann sich das Krankheitsbild am Anfang vorübergehend verschlechtern. Durch die

Umstellung des Organismus werden Toxine aus dem ganzen Körper gelöst. Diese führen zu einer Art Erstverschlimmerung, welche auch in der Homöopathie als Indikator einer Heilungsreaktion gilt.

5. Heilerde immer mit sehr viel Flüssigkeit, am besten Wasser, einnehmen. Die wasserlöslichen Mineralien können dadurch vom Körper besser aufgenommen werden, und die Wirksamkeit der Heilerde selbst wird erhöht.

6. Äußerlich angewendete Heilerde nur einmal verwenden und dann wegwerfen! Sie ist mit Ausscheidungsprodukten (Sekrete, Ausdünstungen, Stoffwechselgifte) und Keimen versetzt und hat ihre Dienste getan.

7. Vorübergehende Hautrötungen, Flecken oder Hautausschläge können durch die vermehrte Durchblutung sowie Ausscheidung von säurehaltigen Körpergiften auftreten. Sie sollten als positives Zeichen gewertet und nicht unterdrückt werden. Es wäre von Vorteil, die Behandlung in Absprache mit einem Therapeuten weiterzuführen. Hautrötungen aufgrund eines Feuchtigkeits- oder Fettverlustes der Haut können mit einer guten Hautcreme oder -öl ausgeglichen werden. Bei empfindlicher Haut dem Heilerdebrei etwas Hautöl beigeben, bzw. nicht direkt auf die Haut aufbringen, sondern etwas Verbandsgaze oder ein Kleenextuch dazwischenlegen.

8. Keine Langzeitbehandlung mit überdosierter Heilerde. Nach der Anreicherung mit Magensäure bindet Heilerde im Dünndarm ca. 75 % seines Gewichtes an ungesättigten Fettsäuren. Es könnte zu einer Entfettung des Dünndarms kommen. Dazu paßt der Spruch von Paracelsus: »Alles ist Gift - nichts ist Gift. Nur die Dosis macht den Unterschied.«

9. Vorsichtshalber kein Handwerkszeug aus Metall verwenden! Das heißt, nichts in Metalldosen aufbewahren und keine Metallöffel verwenden etc. Durch eine chemische Reaktion (Oxidation) könnte die Wirkung der Heilerde beeinträchtigt werden.

10. Da Heilerde auch Gerüche aufnimmt, sollte sie in einem gut verschließbaren Gefäß aufbewahrt werden.

11. Auf Hygiene achten! Die verwendeten Tücher etc. nach jedem Gebrauch waschen (95° C). Zur Desinfektion können dem Waschpulver ca. 30 Tropfen Teebaumöl beigegeben werden.

12. Um das energetische Gleichgewicht des Körper nicht durcheinanderzubringen, als Laie nie mehrere Anwendungen gleichzeitig vornehmen! Weniger ist oft sehr viel mehr!

13. Für Kinder bis zum 12. Lebensjahr gilt die halbe Dosierung. In Tee oder Brei verrührt gibt es keine Probleme bei der Einnahme. Bei Säuglingen muß die äußere Anwendung vorsichtig durchgeführt werden, da die Haut noch sehr empfindlich ist.

14. Während der Menstruation ist von Heilerdewickeln auf dem Bauch abzuraten.

Bezugsquellen und Darreichungsformen

Heilerde ist in Reformhäusern, Naturkostläden, Drogerien, Apotheken und Läden zur Herstellung von Naturkosmetik erhältlich.

☆ **Luvos-Heilerde**, Heilerde-Gesellschaft, Luvos Just GmbH & Co, Otto-Hahn-Straße 23, D-61381 Friedrichsdorf, Telefon 06175/9323-0
Luvos-Heilerde ist in Reformhäusern und Apotheken in drei Feinheitsgraden, in Kapselform und als fertige Gesichtsmaske in vielen Packungsgrößen erhältlich:
Luvos-Heilerde Ultra: Sehr feines Heilerdepulver zur inneren Anwendung, für Mundspülungen und zum Gurgeln.
Luvos-Heilerde Kapseln und Portionsbeutel: Enthalten Heilerde Ultra. Ideal zum Mitnehmen und für die Reise.
Luvos-Heilerde 1: Feines Heilerdepulver zur inneren Anwendung für Mundspülungen und zum Gurgeln.
Luvos-Heilerde 2: Feinheitsgrad zur äußeren Anwendung. Für Gesichtsmasken, Umschläge, Körperpackungen, Teil- und Vollbäder.

Luvos-Heilerde Gesichtsmaske+Jojobaöl: Fertige Mischung von Heilerde Ultra und Jojobaöl in Portionsbeuteln, zum sofortigen Gebrauch.

☆ **Salus Heilerde,** Salus-Haus, Natur-Arzneimittel, Inh. Otto Greither, D-83052 Bruckmühl (Obb.), Telefon 08062-8010
Salus Heilerde ist als 250 g Packung im Reformhaus in einer Stärke erhältlich.

☆ **Argiletz Grüne Tonerde**, Siegfried Bachert & Jean Huntziger, Tonerdeprodukte, Schoppa-Str. 2, D-65719 Hofheim a. Ts.,
Telefon 06192-22201
Argiletz Grüne Tonerde ist im Spezialversand und Naturkosmetikläden in verschiedenen Formen erhältlich:
Granulierte Tonerde: Zur äußerlichen Anwendung
Ultrafeine Tonerde (ventiliert): Puderfeines Pulver zur innerlichen und äußerlichen Verwendung
Gebrauchsfertige Tonerde: Fertiges Tonerde-Quellwasser-Gemisch zur sofortigen inneren und äußeren Anwendung. Die Paste ist in der Tube oder im Topf erhältlich.

☆ **Schindele's Mineralien**, Henze Natur-Mineral, Kirchbergstraße 102, D-66955 Pirmasens, Telefon 06331-31347
Das Gesteinsmehl Schindele's Mineralien (1 kg Dose) ist über Henze Natur-Mineral zu beziehen.
☆ Grüne Tonerde Pflege-Produkte; Ätherische Öle; Haut- und Massageöle, EDEL-Naturwaren, Edeltraud Lubinic, Bunsenstraße 11a, D-69115 Heidelberg, Telefon 06221-23205
☆ Melkfett-Plus, portofrei zu bestellen bei: Ilse Reichel, Hauptstraße 23, D-63897 Miltenberg, Tel. 09371-2452

In den Apotheken und Drogerien der Schweiz erhältliche Heilerden:

☆ **Luvos-Heilerde**, siehe oben

☆ **Dr. H. Hähle's Heilerde** »sandfrei«, Franz Hüsler AG, CH-604 Volketswil, Telefon: 019-451717
Dr. H. Hähle's Heilerde »sandfrei« ist in einer Stärke und verschiedenen Packungsgrößen erhältlich.

☆ **Aion A Würenloser Heilgestein-Pulver**, Emma Kunz Zentrum, Steinbruchstrasse 5, CH-5436 Würenlos, Telefon: 056-4242060
Das Würenloser Heilgestein-Pulver Aion A gibt es in einem Feinheitsgrad und mehreren Packungsgrößen.
Herr Anton C. Meier, Gründer und Leiter des Emma Kunz Zentrums, bietet jeden Donnerstag ein Tagesseminar über das Heilmittel Aion A und dessen Geschichte und Hintergrund an. Das Emma Kunz Museum und die Grotte können gegen Voranmeldung täglich, außer Donnerstag, Sonntag und allgemeinen Feiertagen, kostenlos besucht werden.

☆ **Naturgen vulkanische Heilerde**, Dr. C. Marbot AG, CH-3422 Kirchberg BE, Telefon:034-4452244
Naturgen vulkanische Heilerde ist in einer Stärke in Packungen mit 500 g und 800 g erhältlich.

☆ **Anliker Lehm,** Delibon AG, CH-4657 Duliken, Telefon 062-2954666
Anliker Lehm, sandfreies Lehmpulver, ist in zwei Feinheitsgraden für den innerlichen und äußerlichen Gebrauch als 500 g und 900 g Packung erhältlich.

In österreichischen Apotheken und Drogerien sind folgende Heilerden erhältlich:

☆ **Luvos-Heilerde**, siehe oben

☆ **Schindele's Mineralien**, siehe oben

☆ Weiße und grüne Naturerde **Naturgarten**, Naturgarten, A-8462 Gamlitz, Telefon 03453-4846-0

Weiße und Grüne Naturerde ist als Pulver in verschiedenen Packungsgrößen sowie als gebrauchsfertige Mischung in der Tube erhältlich.

Kurhäuser

☆ **Kurhaus Dhonau**

Zentrum für klassische Naturheilverfahren und traditionelle chinesische Medizin, D-55566 Bad Sobernheim, Telefon 06751/9339-0

Das Kurhaus Dhonau bietet verschiedene Kuren an, unter anderem die Felke-Kur, 14 Tage Darmregeneration, 14 Tage für mein Immunsystem, Mondfasten etc.

Felke-Kurhaus Menschel

Sanatorium für Naturheilverfahren, D-55566 Felke-Heilbad Bad Sobernheim/Meddersheim, Telefon 06751-85-0

Das Felke-Kurhaus Menschel bietet Ganzkörper-Lehmbehandlungen, Heilfasten, naturgemäße Ganzheitsmedizin u. a.

Literatur

Michel Abehsera, Heilerde, Goldmann Verlag, München, 1988
Heide Marie Karin Geiss, Mineralstoffe und Spurenelemente, ECON Taschenbuch Verlag GmbH, Düsseldorf und Wien, 1994
Jean Huntziger, Grüne Tonerde, eine Gesundheits-Geschichte, Siegfried Bachert & Jean Huntziger Tonerdeprodukte, Hofheim a. Ts.
H. Jung - E. Meyer, Heilerde - Anwendung und Wirkung, Hippokrates Verlag Stuttgart, 1957
Hans Dietrich Kahlke, Das Eiszeitalter, Aulis Verlag Deubner & CO KG, Köln, 1981
Dr. Med. Josef H. Kaiser (Hrsg.), Das Große Kneipp Buch - Handbuch der naturgemäßen Lebens- und Heilweise, Ehrenwirth Verlag GmbH & Co. KG, München, 1975
Gerhard Leibold, Heilerde - Wirkungen, Heilanzeigen und richtige Anwendungen, ECON Taschenbuch GmbH, Düsseldorf 1988
Anton C. Meier, Emma Kunz 1892-1963, Baden Verlag, CH-5400 Baden, 1994
Rober Schindele, Schindele's Mineralien, mit 34 Mineralstoffen für Mensch, Tier und Natur, Ennsthaler Verlag, Steyr, 1988
Heinz Scholz, Mineralstoffe und Spurenelemente, Hippokrates Verlag GmbH, Stuttgart, 1985
Rose-Marie Nöcker, Gesund werden aus der Kraft der Natur, Wilhelm Heyne Verlag GmbH & Co. KG, München 1985
Dr. rer. nat. Bernd Olesch, Naturheilkunde vor Gericht, Der Deutsche Apotheker, Heft 5, Mai 1993

Register der Anwendungen